KB237182

관계성 이론을 통해 본

한국의 정당 PR

관계성 이론을 통해 본
한국의 정당 PR

배 미 경 지음

정당과 밀접한 정적유대감을 형성한 유권자는 정·
체면·연줄의 사적관계를 고려한 연고적 차원의 평가
는 물론 비교적 엄격한 합리적 차원의 평가에서도 더
후한 점수를 준 것으로 나타났다. 이 결과는 정당이
유권자와 호혜적 관계성에 이르기 위해서는 심정적
거리감을 좁히는 PR전략이 효율적인 방안이 될 수
있음을 시사한다.

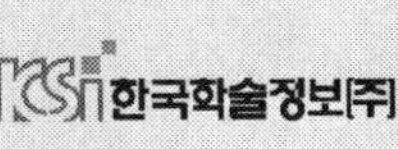
한국학술정보㈜

"정당과 정적 유대감이 높은 유권자는 의사결정의 정당성, 절차적 투명성 등 비교적 엄격한 합리적 차원의 평가에서 후한 점수를 준 것으로 나타났다. 이는 정당이 유권자와 호혜적 관계를 형성하려면 서로간의 심정적 거리를 좁히는 홍보 전략이 효과적일 수 있음을 시사한다."

PREFACE

2007년 대통령 선거 시기가 돌아왔다. 다수당인 한나라당의 당내 경선은 이미 초미의 관심사가 되었다. 어김없이 정당의 이합집산도 시작되었다. 열린우리당이 분열하고, 중도개혁통합신당이 창당하는 등 대선을 겨냥한 정치권의 움직임이 부산하다. 이를 지켜보는 유권자의 마음은 어떨까?

정당 PR에 관심을 갖게 되면서 가장 안타까운 것 중 하나가 뿌리 없는 정당사(政黨史)로 인해 정당PR도 체계를 갖추지 못했다는 점이다. 특정 정치지도자의 지지집단으로 출발한 우리나라 정당은 1인 보스중심의 의사결정 구조와 특정 지역정당에 대한 맹목적 지지로 나타나는 지역주의로 인해 유권자와의 합리적 소통에 취약한 커뮤니케이션 구조를 가져왔다. 하지만 국민 참여 경선제의 도입, 총재 중심체제에서 원내대표와 최고위원 중심의 당내 의사결정구조로의 변화는 정당과 유권자 간 소통에도 적잖은 영향을 미쳤다. 당원 보다는 유권자와의 직접적인 소통을 추구하고, 이들과 호혜적 관계를 형성하기 위한 노력이 시작되고 있다. 이 과정에서 정당의 홈페이지는 주도적인 매체로 자리하면서 유권자를 맞이하고, 정당의 주의·주장을 펼치는 홍보의 장이자, 일상적인 소통의 장으로 자리매김하게 되었다.

'저널리즘'에서 'PR'로 관심을 전환한 2000년은 필자에게 많은 고민의 시간이었다. 전공으로 어떤 분야를 선택 할 것인가? 이 분야의 연구를 통해서 어떻게 기여할 수 있을 것인가? 늘 역동적인 변화를 추구했던 성격 탓인지 PR이 지닌 창조적 매력에 이끌렸다. 그 중에서도 한국적인 컨셉에 더 어울릴 것 같은 '관계성 이론'을 미국의 PR문헌에서 만났다. 80년대 미국의 PR학계에서 주목하기 시작한 관계성이론은 수단으로 인식했던 'PR'에 대한 정의를 'PR' 존재 그 자체로 전환했다. 관계성이론에 대한 나의 첫인상은 한마디로 신선했다. 장기적인 관점에서 PR의 최종적 목표는 조직이 자신의 목표 공중과 우호적인 관계를 형성하는 것이고, 이것이 PR이 추구하는 본질이라는 점에서 그동안 PR을 스스로 수단시 해왔던 학문적 반성으로 보였기 때문이다.

정치 콘텐츠에 관심이 많았던 필자는 단기적 산출보다는 장기적 성과에 관심을 갖는 관계성 이론이 한국의 정당과 유권자의 관계를 예측하는데도 유용한 이론적 도구가 될 수 있을 것으로 판단했다. 정당은 주기적으로 대통령 후보와 국회의원 후보를 배출하고 선거라는 과정을 통해서 유권자의 평가를 받는다. 단기적인 PR프로젝트로 산출을 얻는 시스템이기 보다는 4~5년이라는 비교적 긴 시간을 두고 유권자의 마음을 사야하는 소통의 과정이 필요하기 때문이다.

통상적으로 관계라는 개념은 단순한 이미지나, 인상과는 달리 지속적 상호작용을 통해서 형성되는 것이고, 한번 형성된 관계는 쉽사리 변하지 않는다. 또한 돈독한 관계가 되면 상대방의 표정만으로도 어떤 행동을 하게 될지를 예측할 수 있다. 이런 의미에서 관계성을 정당 PR에 연결시키는 것은 의미 있는 작업이라고 생각했다. 관계성이란 개념을 통해서 유권자의 행위를 어느 정도 짐작할 수 있는 근거가 마련되지 않을까 하는 기대에서다. 그래서 관계성을 평가하는 하위차원에 주목했다. 상호통제성, 신뢰성, 만족감, 헌신성과 같은 개념들을 한국의 문화적 배경을 고려하여 새롭게 구성할 수 있을 것이란 문제의식에서 연구를 시작하게 되었고, 그 결과가 박사학위 논문으로 결실을 맺었다.

이 책은 필자가 지난 6년간의 박사과정을 통해서 관심을 갖고 연구한 내용들을 묶은 것이다. 정당홍보에 관계성이론을 접목하게 된 배경과 관계성 이론을 한국의 정치·문화적 배경 속에서 사롭게 구성해 보자는 아이디어를 설문조사와 심층인터뷰를 통해서 구체화했다. 연구결과, 정당과 밀접한 정적유대감을 형성한 유권자는 정·체면·연줄의 사적관계를 고려한 연고적 차원의 평가는 물론 비교적 엄격한 합리적 차원의 평가에서도 더 후한 점수를 준 것으로 나타났다. 결국 정당이 유권자와 호혜적 관계성에 이르기 위해서는 심정적 거리감을 좁히는 PR 전략이 효율적인 정당 PR의 방안이 될 수 있음을 시사했다.

정책을 중심적 매개체로 하는 PR활동은 앞으로도 필자의 주요 관심사가 될 것이다. PR이론을 실무와 연결하고자했던 연구 당시의 열망을 지금은 현장에서 풀고 있다. 언젠가 기회가 되면 현장의 경험을 다시금 이론으로 접목하는 기회를 갖고자한다. 이러한 과정이 전문 PR인으로 성장해가는 길이라고 믿기 때문이다.

선거 때마다 정당의 이합집산을 목도하면서 유권자의 한사람으로서 씁쓸하기만 하다. 선진적인 정당 PR의 정착과 정당의 원활한 소통구조를 완성하기 위해서라도 정통성과 역사성을 가진 정당문화가 정착되기를 기대한다. 이를 통해 정당 PR을 전공하는 연구자들에게 정당이 훌륭한 PR텍스트로 남을 수 있는 기회가 될 수 있기를 바란다.

2007. 7.

저자 배미경

목차

목차

I

서 론

1. 연구의 배경

서구와 달리 우리나라 정당은 민주적 의식의 발달이 전제되지 않은 상황에서 미군정에 의해 개념과 실체가 한꺼번에 이식되었다. 이같은 기원상의 특성으로 인해 한국의 정당은 정치체제 속에서 정당의 역할이 무엇이며, 국민들의 정치생활과 어떤 관련을 가져야하는지에 대한 고민이 이뤄지지 않은 상태에서 특정 정치지도자들의 지지집단으로 출발했다(안철현, 2003).

이는 정당과 유권자 공중의 원활한 소통을 관리하는 정당 PR에도 영향을 미쳐, 우리나라 정당 PR은 1인 보스 중심의 의인화(politics of personality) 경향이 매우 강하게 나타나고 있다는 비판을 받았다(탁재택, 2001). 정당이 안정적이고 체계적인 PR체계를 갖추어 핵심공중인 유권자들과 소통하며 정치적 견해를 설득하고, 국민적 공감대를 형성하기 보다는 정치 지도자 중심의 특성을 최대한 살리면서 유권자들의 의식과 태도 속에 남아있는 권위주의, 연고주의, 온정주의를 적절히 활용한 소통구조를 유지하는 것이 정당이 목표하는 선거 승리의 유용한 방법이 되었기 때문이다.

하지만, 최근 정당이 당원 보다는 유권자 접근성을 중시하면서 정당 홍보 환경도 변화를 겪고 있다. 지난 대통령 선거를 전후하여 한국의 정당은 많은 변화를 거듭했다. 정당개혁의 일환으로 국민 참여 경선제가 도입되었고, 총재중심에서 원내대표와 최고위원 중심의 당

내 의사결정구조가 개선됐다. 또한 대면접촉보다는 미디어를 통한 유권자 접촉을 제도화한 선거법 개정을 통해 본격적인 미디어 정당으로의 전환이 요구되고 있다. 이 같은 변화는 미국형의 선거전문가 정당 모델을 상당부분 수용하는 방향으로 진행하면서 당의 핵심이 당원에서 지지 유권자로 전환되고 있음을 의미한다.[1]

정당의 이 같은 변화는 유권자와의 소통을 관리하는 PR에도 적절한 변화가 있어야 함을 의미하는데, 기존의 당원 중심의 당보/당 기관지 제작, 사내외 연수프로그램 등 당원 중심의 PR 소통구조에서 유권자 공중을 겨냥한 정당 PR이 요구된다. 이러한 과정에서 지난 대선이후 주요 정치 매체로 부상한 인터넷은 각 정당이 지지 유권자 층을 견인하는 일상적 PR 매체로 자리매김 하고 있다. 각 정당은 인터넷 홈페이지의 관리와 이메일, 각종 블로그 사이트의 운영, 인터넷 투표를 통한 유권자 참여 활성화를 유도하는 등 인터넷은 정치조직으로서 정당이 유권자를 직접적으로 매개하는 일상적인 정당 홍보의 장이 되었다.

이 같은 상황에서 일정한 주기에 따라 대통령 후보와 국회의원 후보를 내고 유권자의 평가를 받는 정당 PR의 목표는 장기지속적인 대 유권자 PR 활동을 통해 유권자 공중과 호혜적 관계성을 확보하고 유지하는 것이다. "PR의 가치는 중요 공중들과의 '관계의 질'을 측정함으로써 정해지는 것이며, PR 커뮤니케이션 효과를 측정하고 이를 관계성 지수와 연계시켜야한다"(한정호, 2000, 109쪽)는 지적처럼 정치조직으로서 정당도 기업적 마인드로 유권자와의 새로운 관계성을 모색할 시점에 이르렀다. 이를 위해서는 유권자의 정당 관계성

---

1) 선거전문가 정당에서는 조직 당원보다는 정책 동조자 및 지지자를 확보하는 것이 중요하며, 당원보다는 후원회원과 자원봉사자를 확대하는 방향으로 정당조직을 재구성한다. 따라서 일반지지자에 대한 정당 지지 획득이 정당의 중요한 관건이 된다.(박찬표, 2003, 151쪽 참조)

을 구성하는 하위개념에 대한 탐색적 작업이 필요하다.

'관계성'(relationships) 개념은 PR활동의 내용(what it does)을 중심으로 정의했던 PR을 존재 그 자체(what it is)로 정의하려는 새로운 패러다임이며, 단기적 산출(output)보다는 장기적인 성과(outcome)에 초점을 맞춘다. 관계성은 조직이 장기적이고 지속적인 커뮤니케이션 활동을 펼친 결과 조직과 핵심 공중 사이에 형성된 관계의 상태를 의미하는데(Broom, Casey & Ritchey, 1997; Kim, 2001), 관계성은 정당의 PR 활동을 평가하는 결과인 셈이다. 따라서 조직과 공중간의 관계성을 구성하는 하위 차원을 규명하는 작업은 정당의 핵심공중인 유권자의 행위를 예측하는 지표가 된다.

관계성 차원에 관한 초기 연구는 주로 상품(products)이나 서비스를 통해 공중과 매개되는 기업을 대상으로 수행되었지만, 점차 행정 조직(이수범·신성혜·최원석, 2004), 방송사, 정부관계와 같은 비영리 조직으로 확대되었다(강명현·조정렬 2003; 한정호, 2001; 한정호·정지연, 2002). 하지만 적어도 PR 영역에서 정치 기업으로서 정당과 그 소비자인 유권자를 관계성 개념으로 검토한 연구는 발견되지 않았다.

기업과 소비자의 관계로 정당과 유권자를 파악한다 하더라도 일반 기업과 소비자의 관계와는 상당한 차이를 보인다. 기업의 경우 상품을 중심에 두고 소비자와 비인격화된(impersonalized) 관계를 형성한다. 이 경우는 조직의 대표자(CEO), 관계 인물 등과 같은 인적 대상에 대한 평가 보다는 제품의 특성, 기능, 장단점에 대한 평가가 공중 관계성을 판단하는 중심적 요소가 된다. 이에 비해 1인 보스중심 정당의 특성을 갖는 우리나라 정당에서는 당의 대표, 국회의원 후보, 대통령 후보자와 같이 소속 인물이 유권자의 정당 관계성을 매개하는 비중이 다른 조직에 비해 높다. 따라서 정책이나 정견 보다는 정당의 소속 인물(후보자)에 영향을 크게 받는 공중을 대상으로 하기

때문에 오히려 대인적 관련성이 관계성을 평가하는 중심적 요소가 될 가능성이 크다.[2]

특히, 서구적 정당 제도의 이식과 함께 권위주의, 온정주의, 지역주의적 전통이 혼재되어있는 있는 한국의 정치문화를 고려할 때 혈연·학연·지연 등의 연고의식이 정·체면의 대인관계 문화와 상호작용하여 정책 이슈와 같은 내용적 요소보다 더 크게 작용하고 있을 가능성이 높다. 유권자들이 자신의 고향출신 후보자들에 대한 우호적인 일체감과 지지를 보이는 지역주의 투표 현상은 연고적 전통이 정당 관계성에도 상당한 영향을 미칠 가능성을 보여주는 증거다. 문화주의자들은 전통적인 지역주의는 유교에서 비롯된 가족주의의 연장이라고 주장한다. 이들은 한국의 정치문화가 참여적이고 긍정적이라기보다는 지방적이고 부정적이라고 주장한다. 그들의 투표형태에 대한 관찰은 우리의 정치문화에 대한 이해와 일관성이 있다. 그들은 특히 농촌지역에서 쟁점이 투표에 중요한 역할을 하지 못한다고 주장한다. 왜냐하면 유권자들은 그들의 결정을 후보자와의 개인적인 친분관계나 후보자의 개인적인 특성(출생지, 친인척관계, 교육, 나이 등)에 근거하여 투표결정을 내리기 때문이다(조기숙, 2000).

이 연구는 이러한 문제의식에 기초하여 우리나라 유권자의 정당 관계성을 측정할 수 있는 하위차원을 도출하고, 이들 차원이 현장의 홍보실무자들에게 어떻게 평가되고 있는지를 규명하고자 한다.

---

2) 유권자의 투표 행동에 대한 기존 연구는 후보자 결정 요인을 정당, 후보 속성, 이슈로 대별한다. 미국이나 한국이나 투표경향에 변화가 관찰되고 있기는 하지만 후보 속성 중심의 투표 경향이 두드러지게 높게 나타나고 있다. 1952년 미 대통령후보에 대한 선호이유 조사결과 정당 19%, 후보속성 61%, 이슈 17%에서 2000년 조사결과 정당 19%, 후보속성 39%, 이슈 42%로 나타났다. 국내 유권자 조사의 경우 1963년 정당 10.4%, 인물 65.9%, 이슈 6.7%에서 1985년 조사결과 정당 22.1%, 인물 46.4%, 이슈22.3%로 변화했다(김광수·김희진·탁진영, 2004, 246쪽 참조).

2. 연구 내용

이 연구는 크게 두 가지 내용을 살펴보았다. 첫째는 한국의 사회 문화적 맥락에서 정당과 유권자의 관계성을 평가하는 차원이 무엇인가. 둘째는 이들 차원이 실제 유권자의 정당 관계성 평가에서 어떻게 적용되고 있으며, 이들 차원에 영향을 미치는 선행요인이 무엇인지를 규명하는 것이다.

지금까지 관계성 연구는 서구의 개인 지향적 PR의 관점에서 관계성을 평가하는 요소에 주목해 왔으며, 그 결과 '상호성', '신뢰성', '진실성', '상호통제성', '상호정당성', '상호만족' 및 '상호이해', '역동성', '개방성', '투자', '헌신성', '지역사회 관여도'(Broom & Dozier, 1990, Bruning & Ledingham, 1999, Childers & Grunig, 1999, Ferguson, 1984, Grunig, Grunig & Ehling, 1992, Grunig & Huang, 2000, Hon & Grunig, 1999, Huang, 1997, 2001a, 2001b, Kim, 2001, Ledingham, Bruning & Wilson, 1999) 등 다양한 차원이 제안됐다. 이 중 '상호통제성', '신뢰성', '만족감', '헌신성'은 이들 모든 차원을 포괄하면서도 상호배타적인 관계성 차원으로 확인됐다. 그리고 이들 4가지 차원은 모두 개인주의 지향의 합리성이라는 공통된 특징을 갖는다.

관계성에 관한 국내연구들도 합리성에 기초한 이들 4가지 차원을 그대로 수용하면서, 여기에 한국의 문화적 특수성을 감안하여 정의적(affective) 차원의 일부 요소를 추가했다. 그러나 국내연구들은 서구에서 사용한 '상호통제성', '신뢰성', '만족감', '헌신성' 등에 내포된 우리나라 공중의 복합적 인식을 반영하지 못하고 합리적 차원에만 초점을 맞춰 왔다.

이미 언급했듯이, 이 연구는 한국에서 이들 합리성에 기초한 관계성 평가요소가 우리나라 공중의 인식을 정확히 반영한 것인가에 의문을 제기한다. 예컨대, 중요한 관계성 평가요소로 언급되고 있는 '신뢰성(trust)' 개념도 문화에 따라 의미 차이가 크다. 우리문화어서 신뢰는 가족, 아주 가까운 친구관계, 함께 운명을 같이하는 특수한 밀착관계에 있는 사람들 사이에 서로 믿고 편하게 의지할 수 있는 연대와 일체감을 의미하지만, 서구에서는 단순한 지인관계나 모르는 사람과의 사회적 관계 또는 공적 상황의 인간관계의 맥락에서 사회적 계약에 기초한 믿음이다(최상진·김의철·김기범, 2003, 정하영, 2006).

이 연구의 궁극적 목적은 선행연구를 통해 타당성이 검증된 '상호통제성', '신뢰성', '만족감', '헌신성' 등 4가지 관계성 차원이 정당과 유권자 관계에서 어떤 내용으로 구성되는지를 밝히는 데 있다. 이를 위해 우리나라 유권자와 홍보실무자들의 인식에 기초하여 정당 관계성 평가 내용을 검토하고, 이를 토대로 한국적 구성차원을 도출할 것이다.

PR의 주체인 정당은 그 나라의 정치문화와 대인관계문화의 영향으로부터 자유로울 수 없다. 특히 우리나라 유권자들은 자신의 출신지역에 연고를 둔 정당을 강하게 지지함으로써 지역주의의 영향을 크게 받고 있다. 이는 유권자들의 정당 관계성 평가에서 합리적 요소보다 지역적 연고가 작용할 가능성을 높인다. 따라서 우리나라의 대인 문화적 맥락을 반영한 정당 관계성 차원 도출은 유권자의 정당 관계성을 보다 명확히 하는 이론적 근거가 될 것이다.

둘째는 유권자와 홍보실무자들로부터 도출한 정당 관계성 차원의 타당성을 검증하고, 유권자의 관계성 평가에 영향을 미치는 유권자 측면의 선행요인을 규명한다. 정당 PR을 관계 경영의 시각에서 접근할 경우, PR의 주체인 정당이 관리할 것은 결국 유권자의 정당에 대한 평가와 인식이다. 정당은 기자회견을 통한 정책 및 정견발표, 정당 대표인물의 동정·언론광고 등 대(對)미디어 홍보, 민생현장 방문을 통한 대민(對民) 접촉활동 등 다양한 홍보활동을 전개한다. 공중은 이와 같은 정당의 활동을 통해 정당에 대한 특정한 인지와 선호를 형성하며, 이것이 다시 정당 PR 활동 수행에 반영되는 순환적인 관계에 있다. 따라서 유권자들이 정당 관계성을 구성하는 '상호통제성', '신뢰성', '만족감', '헌신성'의 각 하위차원을 실제 어떤 비중으로 평가하는지를 밝힌다면, 이들 4가지 차원의 상대적 비중에 따라 PR 실무자들이 호혜적 유권자 관계를 위해 어떤 측면을 강화할 것인지를 결정하는 데 도움이 된다.

홍보활동의 주체인 정당은 유권자의 행동을 미리 예측하고 그에 준하는 홍보 전략을 수립하여 실행함으로써 성공적인 대(對)공중관계를 확보할 수 있다. 이 때문에 정당에게 있어서는 유권자의 어떤 속성이 관계성에 영향을 미치는가를 밝히는 작업은 실무 차원에서 많은 시사점을 얻을 수 있다.

유권자의 행태를 예측하는 유권자의 사회적 속성, 그리고 정당에 대한 심리적 태도는 유권자의 정당 관계성 인식에도 직접적인 영향을 미칠 가능성이 높을 것으로 예상된다. 이와 더불어 한국인의 문화적 지향인 집단주의적 성향과 특정 대상에 대해 느끼는 정적인 유대감은 유권자의 관계성 평가에 영향요인으로 작용할 가능성이 높다.

따라서 우리나라 정당 PR에 전략적 시사점을 제공하기 위해서 정당-유권자 관계성의 예측변인, 문화적 속성변인과 관계성 평가 간의 영향관계를 밝히고자 한다.

II

조직-공중 관계성 이론

1. 조직-공중 관계성

1) 관계성

조직-공중 관계성을 정의하기 위해서는 먼저 '관계성'(relationships)에 대한 개념적 논의가 필요하다. 선행연구자들은 '관계성'을 개념화하기 위해 대인커뮤니케이션, 사회심리학, 조직관계학, 마케팅과 같은 다양한 분야의 인접학문을 연구해 왔다. 비록 이들 분야에서 사용된 관계성 개념이 상황에 따라 각기 다르게 사용되어 왔음에도 불구하고 PR의 관계성 연구는 대부분 이들 인접학문 분야에 이론적 기반을 두고 있다(Broom, Casey & Ritchey, 1997, Ledingham & Bruning, 1998). 그중에서도 특히 대인커뮤니케이션의 관계성 개념이 많이 수용됐다.

이들 인접분야를 검토하기에 앞서 'relation'과 'relationship'의 의미 차이를 이해할 필요가 있다. 우리의 통상적인 언어 사용에서 '관계'는 영어의 'relation'과 'relationship'을 구분하지 않고 혼용한다. 따라서 그 의미를 명확하게 규정해야 논의를 진행하는 과정에서 개념적 혼동을 줄일 수 있다.

먼저 이 둘의 사전적 의미를 살펴보면, 'relation'은 '관련, 관계'를 뜻하는 일반적인 말로 두 사건 사이의 단순한 관련이나 관계를 나타내지만, 'relationship'은 밀접하고 정서적인 관계(relation)로 주체들이 갖는 심리적·정서적 상태를 포함한다.

대인커뮤니케이션 연구자인 수라와 리들리(Surra & Ridley, 1991)는 관계성(relationships)은 주관적 속성(realities)이자 객관적 속성이며, 이들 속성은 관계를 맺고 있는 당사자들이 상대방이 어떻게 행동할 것인지를 알고, 그 상대방의 행위를 이해하고 예측하며 해석하는 방법을 알려준다고 보았다. 또한 관계성은 대인적 사건이나 주관적 사건들이 반복해서 발생하는 패턴을 보이는데, 이들 패턴은 개인적인 경험사례 또는 상호작용을 통해서만 구별할 수 있다(Broom, et al., 1997, p.87). 즉, 관계성을 파악하면 양 당사자 간의 행위에 대한 예측이 가능할 수 있다는 것을 의미한다.

톰리슨(Thomlison, 2000)은 '관계성'을 관계 당사자들이 그들의 상호작용 패턴에 기초해서 서로의 행위를 예측할 수 있는 기대체계로 정의했다. 리틀존(Littlejohn, 1995) 역시 "관계성은 말이 아니라 관계 당사자의 행동에 대한 상대방의 기대(expectation)를 통해 정의된다"고 주장하면서 기대의 중요성을 강조했다.

우드(Wood, 1995)는 "서로에 대해 잘 알고 서로를 고려 대상으로 생각할 때, 어떤 영향력의 교환이 있을 때, 관계의 본질이 무엇이고 그 관계의 본질에 맞는 적절한 행위가 무엇인지에 대한 의견일치가 이루어질 때 호혜적 관계성이 형성된다"고 보았다. 우드의 관계성 정의는 조직과 공중 양 당사자 간의 지속적인 상호작용을 통해 서로에 대한 지식이 형성되었을 때 비로소 관계성이 성립될 수 있음을 시사한다. 즉, 관계의 필요조건으로서 지식의 중요성이 강조되고 있으며, 이는 장기적이고 지속적인 상호적 관계유지 행위를 통해서 가능하다.

그는 또한 조직과 공중 간의 관계는 경제적 측면과 인간적 측면을 함께 포함한다고 주장했는데, 경제적 측면에서 우호적인 관계는 조직이 공중에게 그들이 기대하는 수준 이상으로 제공해 줄 때 가능하다. 그러기에 조직이 지속적인 수익을 얻으려면 소비자가 원하는 수준을 뛰어넘는 고품질의 상품이나 서비스를 제공하는 것이 필수적이다.

그러나 특정조직에 대한 충성심(loyalty)은 경제적 비용과 효용만으로 설명할 수 없는 특성을 갖는데, 정서적(affective), 태도적(attitudinal), 습관적(habitual) 취향 등의 변수들이 작용하기 때문이다. 예컨대 특정 상품을 선택하는 이유가 그동안 계속 향유해 온 편리함 때문이라면 이는 습관적 취향이 작용한 것이고, 이 경우 충성심은 인간적 측면이 관계하기 때문에 장기적이고 정서적인 관점에서 접근하는 것이 필요하다고 보았다.

이러한 의미에서 보면 'relationships'(관계성)은 양 당사자 간의 단순한 연결만이 아니라 대인적 수준의 정서적 친밀감까지를 포함하여, 양자가 어떤 양태를 띠고 있는지를 설명해 주는 관계의 속성을 포함한 개념이다. 양자 간 관계의 양태를 알 수 있게 해주는 속성에 기초해서 관계의 당사자가 어떤 행위유형을 보일 것인지에 대한 예측도 가능하다.

이러한 관계성에 대한 정의를 조직과 공중의 관계로 확장하여 적용하면 조직-공중 관계성(organization-public relationships)은 조직과 공중이 어떤 상태로 연결되어 있는지를 설명해 줄 수 있는 속성들로 구성되어 있으며, 이 속성이 무엇인지를 파악하는 것은 공중의 행위유형을 예측할 수 있기 때문에 관계성 연구의 핵심적 과제가 된다.

2) 조직-공중 관계성에 관한 정의

경영(management)의 관점에서 조직-공중 관계성 개념은 PR 연구와 실무에 있어서 핵심적인 개념이다(Grunig, Grunig & Ehling, 1992,

Ledingham & Bruning, 1998). 그러나 이 개념의 중요성에도 불구하고, 지금까지 이에 대한 적절한 개념적·조작적 정의가 부재했으며, 일부 학자들만이 조직-공중 관계성의 개념화를 시도했다.

브룸과 동료들(Broom, et al., 1997)은 조직-공중 관계성에 대한 정의의 부재가 관계적 시각의 더 큰 발전을 저해하는 요소가 됐다고 주장하면서, 조직과 공중이 관계를 맺는 전 과정의 활동을 통칭하는 것으로 조직-공중 관계성을 정의했다.

조직-공중 관계성이란 조직과 공중 양 당사자 간의 관계맺음에 영향을 미치는 선행요인과 관계맺음의 결과를 포괄하는 역동적 과정이며, 과정과 상태는 완전히 구별할 수는 없는 것으로 보았다. 상태는 이미 지속적인 상호성을 통해서 도달한 결과의 한 지점이기 때문에 이미 양 당사자 간에 관계의 시간성과 역동성을 내프하고 있다. 즉, 조직과 공중 간 관계의 상태(state)에는 이미 장기적인 상호성을 통해 형성된 시간성과 역동성이 포함되어 있으며, 상태는 고정된 개념이 아니라 이미 과정(process)을 포함하여 이루어진 결과다.

레딩함과 브루닝(Ledingham & Bruning, 1998)은 조직-공중 관계성을 "한 당사자의 행위가 다른 당사자의 경제적, 사회적, 문화적 혹은 정치적 행복에 영향을 미칠 수 있는 조직과 핵심 공중들 사이에 존재하는 상태(the state)"로 정의했다(p.62). 브룸과 동료들(Broom, et al., 1997)은 경제적 관점에서 "조직-공중 관계성은 조직과 공중 간의 자원의 교환과 관련된 거래(transactions)이자, 호혜적인 성취를 이끄는 거래를 의미한다. 본질적인 속성상 관계성은 역동적이지만 조직-공중 관계성은 어느 한 시점에서 묘사될 수 있으며 시간을 두고 계속 관찰할 수 있다"고 주장했다.

이상의 조직-공중 관계성에 대한 개념 정의들은 개인과 개인 간의 관계를 연구단위로 하는 대인적인 수준에서의 '관계성'처럼 기본적으로 '상호성'(mutuality)을 전제한다. 그러나 개인과 개인 간의 상호작용이 즉각적으로 이루어지는 대인관계와 달리 조직과 공중의 관계는 즉각적인 상호작용이 불가능하다는 한계를 지니고 있고, 공중을 관리해야 할 조직의 관점에서 중요한 것은 핵심 공중의 인식이라는 점에서 조직-공중 관계성을 공중의 인식으로 개념화했다.

김(Kim, 2001)은 "PR에서 중요한 것은 공중의 인식이라고 주장하며, 조직-공중 관계성은 공중과 장기적으로 긍정적 관계를 형성하거나 유지하고자 하는 조직에 대한 공중의 인식"으로 정의했다. 강명현과 조정열(2003)도 조직-공중 관계성을 "장기적 안목에서 긍정적 관계를 형성, 유지하려는 노력의 결과 만들어진 공중의 조직에 대한 인식"으로 개념화하여 김(Kim, 2001)과 같은 입장을 취한다.

'공중의 인식'을 강조한 조직-공중 관계성 개념화에 대해 공중의 인식에만 기댄 관계성 정의는 자칫 관계성 이론이 내포하고 있는 상호성(mutuality)[3]을 훼손하는 결과를 가져올 수 있다는 브룸과 동료들(Broom, et al., 1997)의 비판에도 불구하고 PR을 경영(management)의 시각에서 접근할 때 '공중의 인식'을 강조한 개념화는 현실적인 대안일 수밖에 없다.

관리의 대상이 무엇이고, 누가 그것을 관리할 것인가 하는 관계 경영(management)의 시각에서 접근하면 연구의 초점을 어디에 맞춰야 하는가가 보다 분명하다. PR에서 관계 경영의 주체는 응당 조직이고, 조직은 핵심 공중의 조직에 대한 인식이나 평가에 기초해서 어떻게 관리할 것인지를 결정하기 때문이다.

따라서 이 연구에서도 조직-공중 관계성을 "장기적인 시각에서 조직이 전개한 대(對)공중 활동에 대한 공중의 인식이나 평가"라는 선행연구자들의 개념을 받아들여 논의를 진행한다.

---

3) 레딩함과 브루닝(Ledingham & Bruning, 1998)은 'mutuality'가 장기적인 조직-공중 관계성을 구성하는 핵심적 요소로 보았으며, 관계성에 대한 모든 논의에서 관계 양 당사자 간의 상호작용을 기본전제로 삼았다.

2. 조직－공중 관계성의 이론적 모형

이론적 모형(model)은 어떤 대상물이나 과정에 언어적, 시각적 설명을 제공하여 그에 수반된 개념을 포착하게 하는 개념적 재현(conceptual representations)이다(Wood, 1995, p.39). 조직－공중 관계성 모형은 조직과 공중의 관계성을 구성하는 전체 과정을 함축해서 보여주는 개념적 모델을 의미한다.

우선 '관계성'의 개념을 대인적 상황에서 명료하게 제시한 우드(Wood, J. T.)의 대인관계성 모형과 이를 조직과 공중의 관계에 적용하여 개발한 3가지 조직－관계성 모형을 검토한다.

우드(Wood, 1995)는 대인관계성을 중심으로 한 개념적 모델을 제안했다. 이 모델은 대인관계의 특성과 결과(outcome)를 잘 설명하고, 이들이 어떻게 상호 작용하는지를 개념적으로 설명했다. 대인관계를 구성하는 다섯 가지 요소(five features)는 개인(individuals), 개인적·사회적·문화적 맥락, 커뮤니케이션, 관계문화, 시간이다. 대인관계의 수준을 결정하는 '친밀감'의 척도로 '관계문화'(relational culture), '헌신성'(commitment), '만족감'(satisfaction), '안정성'(stability) 등 4가지를 제시했으며, 이들 특성은 서로 닫혀 있는 것이 아니라 개방적으로 상호 연결되어 있음을 강조했다.

이들 관계 구성요소 간의 상호작용 과정은 <그림 1>과 같이 집약적으로 표현된다.

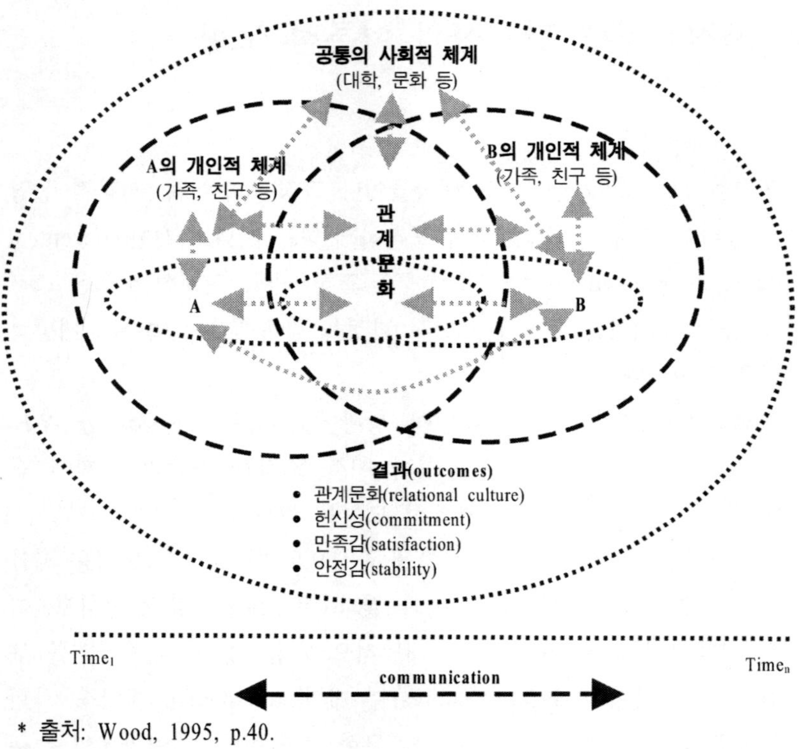

* 출처: Wood, 1995, p.40.

<그림 1> 대인관계성의 개념적 모델

A와 B라는 개인은 그들을 에워싸고 있는 가정, 친구 등 개인적인 관계의 체계를 형성하고 있으며, 개인과 이들 각 개인의 관계 체계에 의해 관계문화(relational culture)가 형성되고, 이들 관계문화는 개인에게 영향을 미치고, 또 개인은 이들 관계문화에 영향을 주는 상호적인 과정을 형성한다.

이들 관계문화는 A와 B 각 개인과 이들 두 개인을 둘러싼 개인적인 관계의 체계에 공통적으로 작용하는 사회체계 즉, A와 B의 개인적 체계를 구성하는 가정, 친구보다 더 큰 공동체인 대학, 문화 등과 같은 체계와 상호 작용하고, 이렇게 개인 A, B를 에워싸고 있는 관계적 체계들이 상호 작용한 결과 A와 B 양자 간의 '친밀감'을 확인할 수 있는 '관계문화', '헌신성', '안정감', '만족감'이 어느 정도 수준에 이르게 된다. 이 모형 내에 모든 요소들은 시간의 흐름에 따라 변화하고, 커뮤니케이션이 이들 모형 내에 있는 모든 요소들을 상호 연결한다.

우드의 대인관계성 모형은 대인적인 수준에서 개인들이 어떠한 과정을 거쳐 친밀한 관계를 형성하는가를 잘 설명하고 있고, 개인과 개인의 관계성에 영향을 미치는 선행적인 요인이 무엇인지를 명료하게 제시했다. 따라서 이 모델은 조직-공중 관계성에 대한 개념적 이해를 돕는 데 유용한 시사점을 제공한다.

발링거(Ballinger, 1991)는 밀러와 로저스(Millar & Rogers, 1987)의 대인관계적 커뮤니케이션 시각을 수용하여 9개의 셀로 조직-공중 관계성을 제안했다.4) 그는 밀러와 로저스가 제안한 관계의 속성 차원인 친밀감(intimacy), 신뢰성(trust), 통제성(control)을 조직과 공중 간의 인식, 커뮤니케이션 행위, 관계적 결과의 3차원에 따라 조직-공중 관계성 모델로 통합했다(Broom, et al., 1997).

---

4) 쌍 구조를 이루고 있는 현상은 어느 한쪽만을 측정한다고 해서 재구조화될 리 없다. 이들은 관계성을 측정하기 위한 9개의 지수를 제안했는데, 이들 중 하나를 제외한 모든 지수가 관계 구성원(member) 중 한 사람으로부터 얻어진 측정치에 기초하고 있다. 관계성에 기여하는 대부분의 속성들은 한 구성원의 점수가 다른 구성원의 점수에 의해서 나눠지는 실제비율이다.

〈표 1〉 Ballinger의 조직−공중 관계성의 관계적 모형

	친밀감	신뢰성	통제성
인　식	의존성	신용·신뢰·확신	권　력
커뮤니케이션 행위	빈　도	개 방 성	지　배
관계적 결과	지　식	호 혜 성	기능성

* 출처: Broom, Casey & Ritchey, 1997, p.88 재인용

그는 조직−공중 관계성 모델에서 인식 차원에서 조직과 공중의 '친밀감'을 조직과 공중 간 상호의존성의 정도로, '신뢰성'을 조직과 공중이 서로에 대해 갖고 있는 신용, 신뢰, 확신으로, 그리고 '통제성'을 조직과 공중이 서로에 대해서 갖는 권력, 힘의 균형으로 제시했다.

커뮤니케이션 행위의 차원에서 '친밀감'은 조직과 공중 양자 간의 접촉의 빈도에 의해, '신뢰성'은 조직과 공중 서로가 스스로를 드러내는 개방의 정도, '통제성'은 조직과 공중 양자가 상대를 지배하려는 의사소통적 성향으로 나타난다.

결과적 차원에서 '친밀감'은 서로에 대한 '지식'이 형성되어 상대방의 행위를 예측 가능하게 하며, '신뢰성'의 결과로 양 당사자 간에 호혜성(reciprocity)이 생성된다. 또한 '통제성'은 서로에게 뭔가 영향력을 행사하려는 조작 가능성(functionality)으로 나타난다.

발링거(Ballinger, 1991)는 조직과 공중관계의 상태를 가늠할 수 있는 속성으로 친밀감·신뢰성·통제성의 3가지를 제안했고, 인식, 커뮤니케이션 행위, 관계적 결과 등 각 차원에 따라 이들 3가지 속성을 어떻게 측정할 수 있는지에 대한 조작적 차원의 통찰을 제시하고 있다. 그러나 이 모델은 대인적 수준에서 사용되는 친밀감·신뢰성·통제성의 개념만으로 조직과 공중의 관계성을 완전하게 설명할 수 있는 것인가에 대해서는 의문을 남긴다.

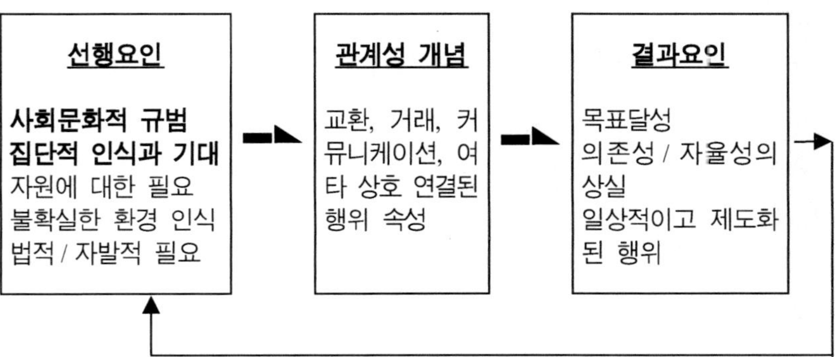

* 출처: Broom, et al., 1997, p.94.

〈그림 2〉 Broom, Casey & Ritchey의 관계성 모델

브룸과 동료들(Broom, et al., 1997)의 조직-공중 관계성 모델은 이 분야의 선도적 모델로 평가되고 있는데(Ledingham, 2003), 관계의 형성과 결과에 관한 이론적 명제를 개발하고 관계성 개념을 설명하기 위해서 선행요인, 관계성 개념, 결과요인을 하나로 통합했다.

위의 <그림 2>에 제시된 대로 시스템이론의 투입-산출모델에 근간한 이 모델은 '관계의 선행요인'(투입요인)으로 조직이 왜 특정 공중과 관계를 형성하는지를 설명하고 있다. 이들에 따르면, 조직과 공중 양 당사자가 관계를 맺는 계기는 다음의 4가지다. 첫째, 조직과 공중이 서로에 대한 인식과 기대를 가질 때, 둘째, 조직과 공중이 서로 자원을 필요로 할 때, 셋째, 조직과 공중 어느 한 측 또는 쌍방이 불확실한 환경으로부터 위협을 인식할 때, 넷째, 조직과 공중이 서로 연합해야 할 합법적 혹은 자발적인 필요성이 생겼을 때 관계를 형성한다.

다음으로 '관계성'은 정보, 에너지, 자원의 교환이나 이동으로 나타나고, 이들 교환이나 이동의 결과로써 조직과 공중은 자신의 목표를 달성하게 되고, 관계로 인해 서로에 대한 의존성이 높아지는 대

신에 자율성은 줄어들게 되고, 일상적이고 제도화된 행위의 형태로 구조화된 상호의존성을 갖게 된다는 것이 이 모델의 이론적 명제다.

결국 정보, 거래의 교환이나 이동의 특성이 조직과 공중의 관계를 정의한다. 선행요인과 결과요인 간의 연결의 속성을 알고 체계를 구성하는 이들 각 요소 간의 상호작용을 이해하게 되면 관계성이 설명될 뿐 아니라 그 체계의 구조에 대한 설명이 가능해질 수 있음을 시사하고 있다. 이 모델에서 '관계성'은 다른 변화의 원인이자 결과로 표현되고 있는데, '관계성'은 조직과 핵심 공중 간의 관계에 대한 이론을 구축하는 데 있어서 독립변인이자 종속변인이며 중개변인으로서의 역할을 수행할 수 있음을 보여주었다.

이들 모형이 제안된 지 3년 후에 그루닉과 후앙(Grunig & Huang, 2000)은 조직－공중 관계성 3단계 모형을 제시했다. <표 2>의 3단계 모형은 관계의 선행요인, 유지전략, 관계의 장기적 성과를 측정하는 방법 등을 제시하고 있다.

1단계 상황적 선행요인에서는 관계 형성의 방향이 조직에서 공중으로, 공중에서 조직으로, 조직과 공중연합에서 공중 혹은 조직으로, 다중공중에서 다중조직으로 여러 가지 가능한 관계의 방향들을 망라하고, 이는 환경감시를 통해 측정 가능하다고 보았다. 2단계의 유지전략은 조직과 공중 간에 형성된 관계를 다양한 유지전략(대칭적／비대칭적)들을 통해 관리해 가는 과정으로 보고 있으며, 이러한 관계 형성과 유지를 통해 장기적인 관계성이 형성된다. 마지막 3단계에서는 이러한 관계의 성과로 '상호통제성', '헌신성', '만족감', '신뢰성'을 달성하게 되고 이들 4가지 요소에 대한 측정을 통해 '관계성'에 대한 평가가 이루어진다.

〈표 2〉 조직-공중 관계성 3단계 모델

상황적 선행요인	유지전략	관계성
조직 → 공중 공중 → 조직 조직과 공중연합 → 조직 조직과 공중연합 → 공중 조직 → 조직과 공중연합 다중조직 → 다중공중	**대칭적** 노출(개방) 정당성에 대한 확신 상호네트워크에의 참여 업무의 공유 (상대방의 이해에 관한 문제 해결에 도움이 되는) 통합적 협상 협동 / 협력 관계구축에 무조건 적극적일 것 승승 혹은 무협상 **비대칭적** 분배적 협상 / 회피하기 주장하기 / 타협하기 편의 봐주기	**상호통제성** (대칭 정도에 대한 양측의 수용) **헌신성** (상호의존성, 자율성의 상실) **만족감 / 호감** **신뢰** **목표도달** (보완적 행위)
개념의 측정	**과정지표**	**성과지표**
환경감시 (environmental scanning)	경영자와 공중에 대한 지속적인 관찰 (경영진과 공중의 노출, 정당성의 표현, 활동가 집단과의 네트워크 구축)	경영진과 공중의 상호 지향적 측정: 어느 한쪽 혹은 양쪽에 의해 인식된. 제3자에 의한 관찰 (상호지향모델과 중첩) 상대측에 대한 예측 (정확성과 일치 정도)

* 출처: Grunig & Huang, 2000, p.34.

지금까지 살펴본 '관계성' 모형들은 본질적인 차원에서 관계성의 개념 그리고 관계성을 구성하는 속성, 각 관계 구성요소 간의 상호 작용과 각 단계별 관계유지 전략에 이르기까지 다양하다. '관계성'이 개인적인 수준이냐, 조직과 공중이라는 조직적 수준이냐에 따라 다소 차이가 있을 수 있으나 관계성을 둘러싼 본질적인 측면을 통찰하는 데 있어서는 모두가 나름대로의 유용성을 갖는다.

3. 조직-공중 관계성 차원

이 분야의 연구는 조직-공중 관계성을 측정할 수 있는 평가차원을 밝히고(Bruning & Ledingham 2000, Hon & Grunig 1999, Huang 2001a, 2001b, Hutton 1999, Ledingham & Bruning 1998), 이들 각 평가차원과 공중의 인식·태도·행동 간 인과성(Brunning 2002, 이수범 외, 2004)을 규명하는 작업들이다. 관계성을 연구하는 많은 학자들은 조직-공중관계의 속성(quality)을 평가할 근거로 관계성 평가차원에 관한 연구를 진행했으며, 이들 관계성 평가차원과 충성도(loyalty), 만족감(satisfaction), 기대(expectation)와의 상관성을 연구했다(김영욱·박소영, 2002).

퍼거슨(Ferguson, 1984)이 관계성 평가차원으로 '역동성', '개방성', '상호만족감', '관계 내 권력의 분배', '상호이해', '일치와 동의'를 제안한 이래 이 분야의 연구는 여러 학자들에 의해 꾸준히 수행됐다. 브룸과 도지어(Broom & Dozier, 1990)는 '일치성'과 '정확성'을 제안하여 조직과 공중이 핵심이슈에 대해 얼마나 일치하게 판단하는가의 여부와 조직과 공중이 얼마나 상대방의 입장을 정확히 예측할 수 있느냐가 관계성을 평가하는 척도가 된다고 주장했다. 이들의 주장은 레딩함의 정부와 시민관계 연구에서 가설이 입증됐다(Ledingham, 2003, p.184).

그루닉, 그루닉, 얼링(Grunig, Grunig & Ehling, 1992)은 '상호성', '신뢰성', '공신력(credibility)', '상호정당성', '개방성', '상호만족감', '상호이해'를, 후앙(Huang, 1997)은 '신뢰성', '상호통제성', '헌신성', '만족감' 등 4가지 관계성 평가차원을 제안했다. 레딩함과 브루닝(Ledingham & Bruning, 1998)도 '신뢰성', '개방성', '관여도', '투자', '헌신성'을 평가차원으로 시간변수에 의한 지역전화가입자의 이탈과

잔류 관계를 입증한 결과 관계에 투자한 시간이 길수록 공중의 이탈률이 낮고, 잔류하는 것으로 나타났다.

혼과 그루닉(Hon & Grunig, 1999)은 '상호통제성', '신뢰성', '만족감', '공언 이행성'을, 차일더스와 그루닉(Childers & Grunig, 1999)은 '상호통제성', '신뢰성', '만족감', '헌신성', '교환적 관계성', '상호공존적 관계성'을 공중 관계성 평가차원으로 제안했다. 이후 2001년 연구에서 후앙(Huang)은 자신이 제시한 이들 4가지 차원에 '인정과 체면'(face and favor)을 추가하여 동서양 평가차원의 통합을 시도하면서 지금까지 도출된 관계성 차원에 대한 개념적 유사성 등을 면밀히 검토했다. 그 결과 '상호통제성', '신뢰성', '만족감', '헌신성'이 모든 관계성 차원을 포괄하면서도 상호배타적인 하위 개념이 될 수 있다고 주장했다. 이들 4가지 차원에 대해서는 구체적인 내용을 다음에서 보다 자세히 살펴보겠다.

국내연구는 기존에 밝혀진 이들 4가지 관계성 차원에 한국적 차원을 추가하는 방식으로 진행됐다.

한정호의 '사회 기여성'과 이수범·신성혜·최석원(2004)의 '시민 기여성'은 현대의 조직에게 요구되는 기업시민정신(corporate citizenship)을 조직이 얼마나 실천하고 있는지에 대한 공중의 평가다. 이는 조직으로서의 기업과 소비자로서의 공중이라는 공식화된 역할 관계에서 조직이 시민으로서 사회적 책임과 봉사를 다하느냐를 중요시했다. '접근 가능성'(accessibility) 또한 대인커뮤니케이션과 관계마케팅 분야에서 개방성으로 논의되어 온 것을 보다 구체화한 개념으로 조직과 공중이 정보나 서비스에 대해 어느 정도 접근 가능한가를 의미한다(한정호·정지연, 2002, 645쪽).

이수범 외(2004)의 연구에서 사용한 '공동체 관계성'은 '공동체 애착도'와 '공동체 정체성'에 의해 형성되는 관계를 의미하는 것으로 도시에 대한 시민의 애향심과 자긍심, 정체성의 정도를 담고 있는데 공동체 구성원으로서 갖는 감성적 정서반응을 포함한다.

한정호(2000)가 제안한 '친밀성과 친숙성'은 공중들이 개인적으로, 그리고 인간적으로 그 조직과 얼마나 가깝게 느끼고 있는지를 말해 주는 지표다. '친밀성'은 주로 감정적으로 그 조직에 대해 따뜻하고 부담 없고 친하게 느끼고 있는지를, '친숙성'은 그 조직에 대해 얼마나 잘 알고 있는지를 나타낸다. '정의관계'(human-tie)는 조직과 공중 간에 지속적인 접촉을 통해 형성된 유대를 바탕으로 한 일체감과 정서적 의지의 정도를 의미한다(한정호·정지연, 2002, 645쪽).

하지만 이들 차원이 우리나라의 조직과 공중의 관계성을 예측하는 중심적 하위개념이 될 수 있을지에 대해서는 더 많은 검토가 필요하다. 한 가지 확실한 것은 국내연구에서 추가한 관계성 차원들이 한국의 사회문화적 맥락과 밀접한 연관을 맺고 있다는 점이다. '공동체적 관계성'은 한국의 집단주의적 공동체 문화를 반영한 것이며, '정의관계'는 대인적 수준의 정(情)문화가 조직-공중관계에도 영향을 미치는 중요한 변수가 될 수 있음을 시사한다.

<표 3> 공중 관계성 하위차원

연구자	차원(dimensions)		
Ferguson(1984)	① 역동성 ② 개방성 ③ 상호만족감 ④ 관계 내 권력의 분배 ⑤ 상호이해 ⑥ 일치와 동의		
Broom & Dozier(1990)	① 일치성 ② 정확성		
Grunig, Grunig & Ehling(1992)	① 상호성 ② 신뢰성 ③ 공신력(credibility) ④ 상호정당성 ⑤ 개방성 ⑥ 상호만족감 ⑦ 상호이해		
Ledingham & Bruning(1998) Childers & Grunig(1999)	① 신뢰성 ② 개방성 ③ 관여도 ④ 투자 ⑤ 헌신성		
Ledingham, Bruning & Wilson(1999)	① 신뢰성 ② 투자성 ③ 헌신성 ④ 관여도 ⑤ 개방성		

연구자	차원(dimensions)
Bruning & Ledingham(1999)	① 전문적 관계　② 대인적 관계　③ 지역사회 관계
Hon C. & Grunig, J. E.(1999)	① 상호통제성　② 신뢰성　③ 만족감　④ 공언 이행성
Huang(1997, 2001a, 2001b) Grunig & Huang(2000)	① 상호통제성 ② 신뢰성　③ 관계적 만족감　④ 관계적 헌신성　**⑤ 체면과 인정(2001년 추가)**
Kim(2001)	① 신뢰　② 헌신성　③ 지역사회 관여도　④ 명성
한정호(2000, 2001)	상호통제성, 신뢰성, 만족감, 헌신성, 상호 교환적 관계성, 상호공존적관계성, **사회 기여성, 친밀성과 친숙성**
한정호, 정지연(2002)	상호통제성, 신뢰성, 만족, 헌신성 상호 교환적 관계성, 상호공존적관계성, **친밀성 / 친숙성, 접근 가능성, 정관계**
강명현, 조정열(2003)	신뢰, 헌신성, 지역사회 관여도, 명성(김영욱)
이수범, 신성혜, 최원석(2004)	신뢰성, 상호통제성, 만족감, 상호공존적관계성, **시민 기여성, 친밀성, 공동체 관계성**
김영욱. 박소영(2002)	신뢰성, 헌신성, 지역사회 관여도, 명성

4. 관계성의 개념적 요소

1) 상호통제성

　많은 학자들이 가장 중요한 조직-공중 관계성 차원으로 '상호통제성'(control mutuality)을 제안했다. '상호통제성'은 조직과 공중의 관계에서 누가 관계적 목표와 일상적 행위를 결정해야 하는지에 동의하는 정도, 즉, 조직과 공중 양측이 서로에게 영향력을 행사할 정당한 힘을 누가 갖고 있는지에 동의하는 정도(Grunig & Huang, 2000, Hon & Grunig, 1999, Huang, 2001a, 2001b)로 정의된다.

본질적으로 '상호통제성'의 확보는 쌍방 간 상호의존성과 관계의 안정성을 확보하는 데 있어서 매우 중요하게 작용한다. 이는 조직과 공중이 안정적인 관계를 유지하기 위해서 상호의존적인 양자 간에 힘의 균형성을 확보하는 것이 필요하기 때문이다. '상호통제성'은 조직관계학, 대인관계학에서 공통으로 언급한 것으로 양자 간의 관계에 필연적으로 수반되는 힘의 비대칭성을 내포한다. 이런 점에서 '상호통제성'은 부르닝과 레딩함(Bruning & Ledingham, 1999)의 '상호정당성'(mutual legitimacy), 알드리치(Aldrich, 1975)의 '호혜성' (reciprocity), 퍼거슨(Ferguson, 1984)이 제안한 '관계 내 힘의 분배'(distribution of power in relationships) 등을 포괄하는 개념이다(Grunig & Huang, 2000, p.43).

후앙(Huang, 2001b)의 연구에서는 '상호통제성'은 갈등해소 및 PR 전략에 효과가 있는 중재 변인임이 확인됐다. '상호통제성'은 대칭적 커뮤니케이션과 쌍방적 커뮤니케이션을 통해 형성 가능하며, 적대적 공중들이 창조적이고 상호호혜적인 해법을 추구하도록 적극 고무하거나 갈등해소를 위해 제3자로부터 도움을 요청할 수 있게 하여 갈등해소에 도움이 된다. 따라서 안정적이고 긍정적인 관계를 위해서 어느 정도의 '상호통제성'은 확보되어야 한다.

PR의 목표가 조직과 공중 간의 호혜적인 관계 형성에 있기 때문에 서로가 합리적이고 정당하게 양자 간 힘의 균형이 이루어지고 있다는 인식을 심어주는 것은 PR에서 매우 중요한 작업이다. 누군가가 부당하게 많은 힘을 행사한다고 생각하면, 쌍방 간의 관계는 쉽게 금이 갈 수밖에 없다.

후앙(Huang, 2001a)은 '상호통제성'을 구성하는 하위항목으로 4가지를 측정했다. ① 대체로 조직과 우리는 의사결정 과정에 만족한다. ② 대개의 경우 의사결정이 이루어지는 동안 조직과 우리는 동등한 영향력을 행사했다. ③ 조직과 우리는 서로에게 기대하는 바에 동의했다. ④ 조직과 우리는 대칭적으로 주고받는 수평적 관계다. 이들 항목은 주로 조직 의사결정 과정의 합리성과 정당성 그리고 힘의 균형에 초점을 맞췄다. 구체적으로는 정책결정 과정에서 서로의 의견을 얼마나 경청하고, 나아가 의사결정 과정에 얼마나 반영된다고 생각하는지에 대해 조직과 공중이 느끼는 정도로 측정했다.

2) 신뢰성

'신뢰성'(trust)은 대인커뮤니케이션과 조직관계학에서 널리 수용되는 개념으로 매우 중요한 구조다(Grunig & Huang, 2000, p.45). 후앙(Huang, 2001a)은 '신뢰'(trust)에 대한 다양한 정의를 토대로 '신뢰성'을 '개방의지'와 '확신의 정도'로 정의했다. 다시 말하면, 조직-공중 관계성 평가차원으로서 '신뢰성'은 상대방에게 공명정대하고 솔직하게 자신을 개방하고자 하는 의지와 상대방에 대한 확신이 포함됐다. 조직-공중 관계성 평가차원을 연구해 온 브루닝과 레딩함(Bruning & Ledingham, 1999)은 '신뢰성'을 9가지 공중 관계성 평가차원에 포함했으며, 그루닉과 동료들(Grunig, et al., 1992) 역시 공중으로부터의 '신뢰'가 조직의 존재를 가능케 하기 때문에 '신뢰'와 '공신력'(credibility)이라는 관계성 평가차원의 중요성을 강조했다.

후앙(Huang, 2001a)은 다음과 같은 4가지 항목으로 신뢰성을 측정했는데, ① 조직 구성원들은 우리에게 솔직하다. ② 그 조직은 다른 조직에 비해 우리를 공정하고 정당하게 대한다. ③ 대체로, 나는 그 조직을 신뢰하지 않는다. ④ 그 조직은 그들이 한 약속을 잘 지킨다 등이다.

그러나 대인관계 속에서 나타나는 신뢰의 개념은 사회문화적 배경이 다른 서구사회와 동양사회 간에 상당한 인식의 차이를 보인다(최상진·김의철·김기범, 2003; 정하영, 2006). 서구사회의 경우 독립적이고 자주적인 개인을 전제하며 낯선 개인들 간의 상호작용이 증대하고, 이와 동시에 위험성이 증대하는 문화적 배경하에서 주로 합리성에 근거한 인간관계를 형성한다(정하영, 2006, 57쪽). 이러한 배경하에서 신뢰는 낯선 사람과의 관계에서 내포되어 있는 위험성에도 불구하고 어떤 대상에 대한 낙관적인 기대에 근거해서 자신이 가지고 있는 취약성을 수용하려는 자발적 의지다(정하영, 2006, 60쪽). 여기서 취약함은 잃게 될 중대한 가치가 존재함을 의미하고, 자신을 취약한 상태에 둔다는 것은 위험을 감수한다는 것을 뜻한다. 즉, 서구사회에서 신뢰는 위험 상황을 전제한 긍정적 기대(confident expectation)의 표현이며, 기꺼이 행하는 자발성을 전제한다.

이와 달리 관계 중심의 동양사회에서는 차등적 사랑을 강조하기 때문에 보편적 타인(남)을 신뢰하기보다는 가족주의에 근거한 '관계'를 중심으로 신뢰가 형성된다. 우리말에서 신뢰는 가족, 아주 가까운 친구관계, 함께 운명을 같이하는 집단과 같은 '특수한 밀착관계'에 있는 사람들 사이에서 '서로 믿고 편하게 의지할 수 있는 마음의 연대와 일체감'을 의미한다(최상진 외, 2003).

'정'과 '의리'를 바탕으로 한 가족주의 관계가 형성되면 신뢰는 저절로 수반되는 것이며, 뒤집으면 가족주의적 관계가 형성되려면 서로 신뢰하는 마음을 주고받아야 한다는 의미도 포함하고 있다. 다시 말해 동양적 신뢰는 자신의 속마음을 진정으로 이해하고 공감해 주며, 자신의 심정적 요구에 따른 원조 행동을 해줄 수 있는 관계를 기대한다. 따라서 동양적 신뢰는 서구의 신뢰에서처럼 단순히 상대를 합리적 이성 안에서 믿는 차원을 넘어 서로 의존하는 인관관계까지를 요구한다(정하영, 2006, 65쪽).

기존 조직-공중 관계성 평가차원 연구에서 전제하는 '신뢰성' 개념은 전자의 서구적 신뢰 개념에 기초한 것으로 동양 상황에서의 신뢰 개념을 반영한 것이 아니다. 따라서 이러한 문화적 차이를 이해하고 '신뢰성'의 차원을 달리 접근할 필요가 있다.

3) 만족감

'상호통제성'과 '신뢰성'이 인지적 차원에 가깝다면 '만족감'(satisfaction)은 정서적 감정적 차원을 포함한다(Huang, 2001). 퍼거슨(Ferguson, 1984)은 조직과 공중이 그들의 관계에 얼마나 만족하느냐가 전략적 공중과 조직 간의 관계성을 측정하기 위한 중요한 지표 증 하나라고 지적하여 관계성 평가차원으로서 '만족감'의 위치를 설명했다.

혼과 그루닉(Hon & Grunig, 1999)은 조직-공중 관계성 평가차원으로서 '만족감'을 관계에 대한 긍정적 기대의 강화 때문에 상대방에 대해서 호의적으로 느끼는 정도로 정의했다. 이 같은 정의는 만족을 어떤 특정 상황에서 긍정적인 기대 강화에 대한 호의적인 감정적 반응으로 개념화한 헤치트(Hecht, 1978)의 시각과 일치한다(Grunig & Huang, 2000, p.45).

사회 교환적 시각에서 '만족'은 보상에 대한 분배가 적정하고, 관계적 보상이 비용을 초과할 때 발생하는 것으로 보았다(Stafford & Carnary, 1991). 이는 이해타산적인 차원에서 비용대비 효율성이 클 때 관계에 대한 만족감도 커진다는 것을 의미한다. 상대가 건설적인 관계유지 행위를 하고 있다는 인식은 관계에 대한 만족감을 증가시키며, 관계적 만족은 효과적인 관계를 보장할 수 있다.

조직학의 관점에서 만족이란 공중이 조직에 대해서 가지고 있는 일종의 태도이며, 공중이 조직과 연관하여 경험한 유쾌한 또는 긍정적인 감정으로, 그 강도와 일관성의 정도가 변화될 수 있을 뿐 아니라 다양한 원천으로부터 형성될 수 있다(최병우, 2004, 61쪽). 조직에 대한 만족감은 인지적, 정서적, 행위적 차원을 포괄하는 조직에 대한 헌신성(commitment)과 상호 관련성이 크기 때문에 조직관계학에서도 조직 효과성 평가에 중요한 변수로 다루어지고 있다. 또한 공중의 조직에 대한 기대가 얼마나 충족되느냐는 조직-공중관계의 지속성에 영향을 미치는 매우 중요한 평가요소다(Ledingham, 2003).

후앙(Huang, 2001a)은 조직-공중 관계성 평가차원으로서 '만족감'을 ① 일반적으로, 조직 구성원들은 우리의 요구를 충족시킨다. ② 일반적으로, 그 조직과 우리의 관계에는 문제가 있다. ③ 대체로, 우리는 그 조직과의 관계에 만족한다. ④ 그 조직과 우리의 관계는 좋다 등 4가지 항목으로 측정했다.

4) 헌신성

'헌신성'(commitment)[5]은 정서적 차원뿐 아니라 행위적 차원까지를 포괄하는 관계성 평가차원인데, 조직관계학에서 헌신성은 다양한 측면이 혼합된 다차원적인 개념으로 이해하는 연구가 증가하고 있다 (Allen & Myer, 1991, Buchanan, 1974, Porter, et al., 1974).

---

5) 'commitment'는 조직-공중 관계성 연구에서 헌신성, 몰입, 유대감 등으로 혼용되고 있다. 주로 조직관계학에서는 '몰입'이라는 용어로 통일하여 사용하고 있으나, 자신의 몸을 희생하는 행위적 차원뿐 아니라 감정의 투입과 같은 인지적, 정서적 차원 및 물리적 투자까지를 포함하는 개념으로서 이 연구에서는 '헌신성'으로 통일하여 사용하고자 한다.

포터와 동료들(Porter, et al., 1974)은 조직 헌신의 개념을 ① 조직의 목표와 가치에 대한 강한 믿음과 수용, ② 조직을 위해 헌신하려는 의지, ③ 조직 구성원으로 남으려는 분명한 열망이라는 3가지 요소로 설명했다. 이와 함께 부캐넌(Buchanan, 1974)도 ① 조직의 사명과 동일시하는 감정, ② 조직이 부여한 의무에 전념하거나 심리적으로 열중하는 감정, ③ 조직에 대한 충성심과 애착감 등 서 가지 구성 요소를 가진다고 보았다(이승현·김승건·최재녕, 2004, 737쪽 재인용).

알렌과 메이어(Allen & Myer, 1991)는 조직 헌신성을 구성원들의 조직에 대한 일체감(동일시)의 정도로 정의하고, 조직에 대한 감정적 애착의 정도를 말하는 정의적 헌신성(affective commitment), 조직을 떠남으로써 희생해야 하는 사회경제적 비용에 대한 인식을 의미하는 지속적 헌신성(continuance commitment), 조직에 남아 있어야 한다는 의무감을 뜻하는 규범적 헌신성(normative commitment) 등 3가지 차원을 제시했다. 조직에서 구성원들은 이들 세 가지 차원을 동시에 경험한다.

후앙(Hunag, 2001a)은 조직-공중 관계성에서 이들 세 가지 '헌신성'의 차원 중 지속적 헌신성(continuance commitment)과 정의적 헌신성(affective commitment)을 강조한다. 그는 조직에 대허 느끼는 일종의 도덕적 의무감과 같은 도덕적 헌신에 대한 상대적 비중을 낮게 보는데, 우리나라 사람들의 관계 유형에서는 이와 다른 비중을 차지할 수 있을지도 모른다. 예를 들어 집 근처의 슈퍼마켓을 자주 이용하는 사람이 다른 슈퍼에서 물건을 구입했을 때 친분관계에 있는 슈퍼주인에게 괜한 미안함을 느끼는 행태는 서구적인 합리성으로는 설명할 수 없는 문화적 독특함이다.

관계마케팅의 관점에서 '헌신성'은 교환 파트너가 자신과의 지속적인 관계가 너무 중요해서 그것을 유지하기 위해 최대한 노력하고 있다고 믿는 정도로 정의하고 있다(Morgan & Hunt, 1994). 즉, 관계에 헌신한 측은 그 관계를 지속하는 것이 촉진할 만한 가치가 있다고 믿는다.

이 연구에서 주요 논의 대상인 후앙(Huang, Y.)의 '헌신성'은 혼과 그루닉(Hon & Grunig, 1999)의 개념을 수용하여 관계를 유지하고 촉진하는 데 에너지를 쏟을 만한 가치가 있다고 믿고 느끼는 정도다. 그는 '헌신성'을 측정하기 위해, ① 나는 그 조직과 관계가 유지되기를 바라지 않는다. ② 나는 그 조직과 관계유지를 시도하는 것이 가치 있다고 생각한다. ③ 나는 그 조직과 지속적인 관계를 유지하고 싶다. ④ 나는 그 조직과 결코 관계를 맺고 싶지 않다 등 4가지 항목을 사용했다.

Ⅲ

한국의 관계문화

앞서 살펴본 조직-공중 관계성 개념적 요소들에 대한 선행연구 결과들은 한국의 사회·문화적 맥락이 조직과 공중의 관계성 인식에도 영향을 미칠 수 있음을 보여준다. 사회문화적 맥락은 조직-공중 관계성을 평가하는 어느 하나의 세부 차원으로만 기능하기보다는 조직-공중 관계성을 평가하는 인식 전체에 광범위하게 영향을 미칠 것으로 예상된다.

따라서 공중의 조직관계에 대한 인식에 영향을 미칠 수 있는 거시적 차원의 문화적 영향과 대인적 수준에서 이들 문화적 요소들이 어떻게 작동하는가를 반영한 조직-공중 관계성 평가차원의 개발이 요구된다. 이들 문화적 특성이 정당-유권자 관계성 PR에 어떻게 투영되고 있는지를 고찰하기 위해서는 한국의 문화적 특성에 대한 선행적 이해가 필요하다.

1. 집단주의 문화와 공동체 특성

사회심리학적인 접근은 우리나라를 집단주의적 정향이 강한 문화 유형으로 분류하고 있다. 호프스테드(Hofstede, G.)의 분류체계에 따르면,6) 한국은 대만, 싱가포르, 홍콩 등과 함께 집단주의적 성향이

---

6) 호프스테드는 권력과의 거리, 모호성의 회피, 개인주의, 남성가치 등 4가

매우 강한 문화로 분류되는데, 집단주의는 개인주의와 대비되는 개념으로 개인보다는 집단을 중시하고 우선시하는 문화유형이다.

트리안디스(Triandis, 1995)는 문화유형을 개인주의와 집단주의로 구별하는 네 가지 하위속성을 다음과 같이 제시했다. 첫째는 자아가 개별적인 개체(독립적 자아)의 특징을 많이 반영하는지 아니면 사람들과의 관계적인(상호의존적 자아) 특징을 많이 반영하는지 여부다. 둘째는 개인의 목표와 집단의 목표가 충돌했을 때 우선적인 고려사항이 무엇인가다. 셋째는 대인관계를 보는 시각으로 상호 교환적 관계로 보는지 아니면 정(情)의 관계로 보는지의 여부다. 넷째는 사회적 행위를 결정하는 요소가 개인의 태도인지 아니면 사회적 규범에 있는지의 여부다.

그는 집단주의를 스스로 하나 또는 그 이상의 공동체(가족, 부족, 국가)의 일부분으로 보는, 밀접하게 연계된 개인들로 구성된 사회형태로 정의했다. 구성원들은 집단이 부과한 의무와 규범에 의해 동기화되고, 자신의 개인적 목표보다는 집단의 목표에 우선권을 부여하며, 집단 성원들과의 연계성을 강조한다(Triandis, 1995, p.2).

이에 반해 개인주의는 기본적으로 스스로를 공동체와는 독립적이라고 여기는, 서로 느슨하게 연계된 개인들로 구성된 사회형태다. 이들은 자신의 선호, 욕구, 권리 및 스스로가 타인과 수립한 계약에 의해 동기화되고, 타인의 목표보다는 자기 목표에 우선권을 부여한다. 또 타인과 상호작용을 할 때는 합리적인 이해득실을 따진다. 집단주의와 개인주의 논의는 주로 개인의 심리적 차원에 초점을 맞춘다.

이 연구가 주목하는 정당과 유권자 관계에서 집단주의적 문화가

지 요인구조를 산출하여 집단주의와 개인주의 지표로 사용했다(Hofstede, 1980). 이 분류체계에 따르면 한국은 개인주의 점수가 18점으로 대만(17점), 싱가포르(20점), 홍콩(25점) 등과 함께 집단주의가 매우 강한 문화로 분류된다.

어떤 방식으로 발현되는지에 대한 통찰력을 얻기 위해서는 한국 사회에서 공동체가 작동하는 논리적 방식을 이해할 필요가 있다. 한국의 공동체에 대한 논의 속에서 유권자 공중 개인이 정당 조직에 관여하는 방식은 물론 관계를 형성하는 작동 메커니즘을 탐색해 볼 수 있기 때문이다.

샌들(Sandel, 1982)은 전통적인 공동체의 개념을 비판하면서 강력한 공동체 구성을 위해 '구성적 공동체'(constitutive community) 개념을 제안했다.7) 구성적 공동체는 개인의 이익을 위해 공동체를 이용하는 '도구적 공동체'나 개인의 이익과 공동체 자체의 발전을 동시에 고려하는 '정서적 공동체'보다 훨씬 강력한 개념으로 한국 집단주의 문화의 작동방식을 비교적 잘 설명하고 있다.

정서적 공동체에서 개인은 나와 집단을 분리해서 생각하지 않고 동일시하며, 집단의 성원이 되는 것을 개인이 자발적으로 선택하는 것이 아니라 집단 내에 위치한 구성원임을 스스로 발견하는 것으로 본다. 이 경우 개인의 집단에 대한 애착과 희생은 선택사항이 아닌 필수사항이며, 집단과 공동의 목표하에서 움직이는 것 자체를 하나의 권장할 만한 선(善)으로 간주한다.

이는 우리나라의 가족 문화와 매우 흡사한 작동논리를 갖는다. 가족 내에서는 구성원들 간에 나의 일과 부모, 형제의 일을 특별히 구별하지 않는다. 형제의 어려움은 곧 나의 어려움이며, 그를 돕는 것은 선택적인 행위가 아니라 바로 내 일이 된다. 조직이나 집단 역시

---

7) 샌들(Sandel)은 전통적인 공동체 개념을 도구적 공동체(instrumental community)와 정서적 공동체(sentimental community) 두 가지로 대별한다. 도구적 공동체란 인간의 자기 이익을 충족시키는 도구로서 구성원들은 오로지 개인적 이익을 위해서 공동체를 필요로 한다는 입장이고, 정서적 공동체는 인간을 이기적 본성뿐만 아니라 도덕적 이성까지 소유한 존재로 파악하여 공동체의 참여자들이 자신들의 이해관계와는 무관하게 공동체적 관점에서 공동의 목표를 공유하고 이를 위해서 협동(co-operation) 그 자체를 선으로 간주하는 삶을 살아간다고 보았다(유종원, 1998 참조).

마찬가지다. 내가 처음부터 가족의 일원으로 존재하는 것처럼 나는 원래부터 내가 속해 있는 조직이나, 내가 살고 있는 지역공동체의 일원으로 존재한다(유종원·박세종, 2005, 4쪽).

우리 사회는 현재 급속히 진행된 도시화로 인해 도시적 삶은 서구와 마찬가지로 낯선 사람들(strangers)이 모인 집합체다. 따라서 우리는 이웃집에 사는 사람이 누구인지 잘 모르며, 그들의 일에 관심도 없다. 그렇지만 우리의 의식은 상당 부분 전통적인 공동체 의식(샌들의 구성주의적 공동체의 논리)의 지배를 받고 있다. 실제로 우리에게 지리적 이웃보다는 전통사회에서 가까이 지냈던 혈연, 지연, 학연과 같은 연줄을 여전히 중시하는 풍조가 강하게 남아 있음은 그러한 증거다.

이러한 구성적 공동체의 작동논리는 조직과 공중의 관계방식을 주요 테마로 설정한 관계성 PR의 영역에 시사하는 바가 크다. 공중 스스로 자신이 특별한 관계를 맺고 있는 조직에 대하여 성원의식(membership)을 자각할 경우 조직에 대한 인식과 행위적 관계는 독특한 형태로 발현될 수 있기 때문이다.

예컨대 자신이 지지하는 정당과의 관계에서 집단주의적 성향이 강한 공중은 자신과 조직을 별개로 분리하여 생각하기보다는 나와 정당을 동일시하고 정당이 요구하는 협력의 목표에 이해타산을 따지지 않고 응하는 고도의 헌신성을 발휘할 가능성이 있다.

2. 한국인의 대인관계 형성 유형

조직－공중 관계성에 관한 대부분의 이론적 모형들은 대인관계 모델의 개념적 요소를 수용하여 개발됐다. 이는 관계(relation)의 기본 단위가 개인과 개인수준에서 이루어지며 관계를 형성하는 본질 자체가 크게 다르지 않기 때문이다. 그래서 한 사회에 적용되는 대인관계의 규칙은 개인의 조직에 대한 관계에도 투사되어 나타날 가능성이 크다.

집단주의적 문화의 영향하에 있는 한국인들은 대인관계에서도 이러한 특성이 드러난다. 한국인의 의식구조를 통찰해 온 이규태(2000)는 한국인의 대인관계를 4개의 동심원을 통해 설명한다. 제1층위는 나를 중심으로 한 가족으로, 이 층위에서 한국인은 지극히 도덕적, 인간적 기능이 높으며 밖을 향해 배타성을 갖는다. 그는 개인의 방을 중심으로 생활권이 형성된 서양과 달리 공동장소를 중심으로 서로 간의 넘나들기가 자유로운 우리나라의 가옥구조가 가족중심의 의존성이 높은 인간관계 형성에 지대한 영향을 미친 것으로 파악했다.

제2층위는 가족이라는 제1층위 밖에 있으나 제1층위와 가장 가까운 거리에 있는 관계로, 특별한 이유가 없는 한 오랫동안 얼굴을 못 본다는 것이 부자연스런 인간관계다. 농촌의 경우 한동네를 형성한 마을사람, 도시의 경우 직장동료, 친구 등이 이 범주에 해당한다. 이 인간층위의 사람들은 비교적 항구적인 인간관계를 유지하는 데 중요하고, 다정한 친구란 대개 제2층위에서 얻어지는 경우가 많다. 그러나 이 층위에서도 제1층위의 집단성과 폐쇄성은 고스란히 옮겨진다.

제3층위는 농촌의 경우 제2층위인 마을과 관계가 깊은 인근지역의 마을을 포함하며, 대기업의 경우 전(全) 회사 사원, 동창관계, 단골 등이 이 층위를 형성한다. 한 단계만 건너면 알 수 있는 인간관계의 층위가 이 범주에 속한다.

제4층위는 동심원 가운데 가장 밖에 있는 층위로 '타인'을 의미한다. 즉, 나와 아무런 상관이 없는 남이다. 이 층위는 무한한 넓이로 확대되며, 그 인간층의 밖은 없다고 보아도 무방하다. 그렇기 때문에

낯선 외국인들은 모두 이 인간층에 속한다. 아래의 <그림 3>은 이상
의 내용을 토대로 우리나라 인간관계의 동심원을 재구성했다.

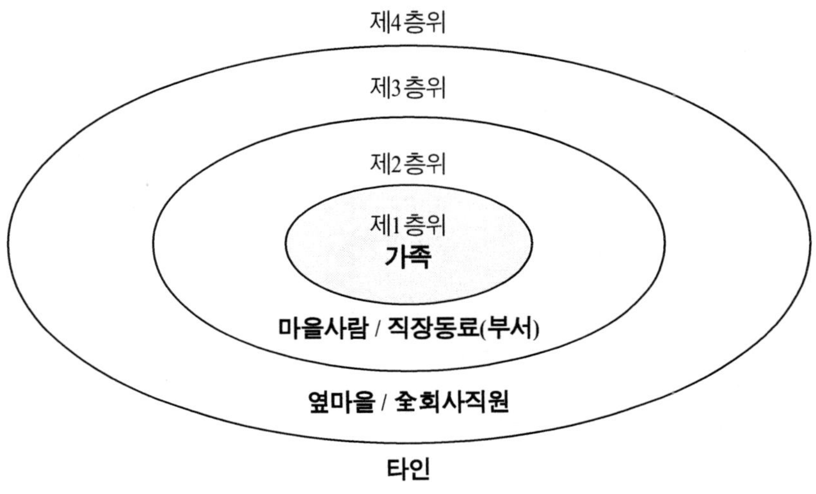

〈그림 3〉 우리나라 인간관계의 동심원 구조

이규태(2000)는 <그림 3>과 같은 인간관계의 층위를 '친밀감의 정
도'와 '접촉빈도'에 의해서 구별되는 것으로 보았다. 제2층위에서 형
성되는 인간관계는 주로 정(情)으로 맺어지는 데 비해 제3층위에서
형성되는 인간관계는 의리로 맺어진다. 정(情)으로 맺어진 인간관계
는 이해나 선악과 고락을 초월한 자발적 관계지만 의리는 작위적인
인간관계로 자발적이지 않다.

우리나라의 이 같은 인간관계 유형은 집단주의적 문화권인 중국에
서도 유사하게 나타나고 있는데, 황(Hwang, 1995)은 동양문화의 '인
정'과 '체면'에 관한 연구에서 이 두 가지에 사회적 관계를 이용한
자원(resources)의 의미를 부여했다. 그는 중국 사회에서 인정이나 체
면이라는 요소가 사회적 자원으로서의 가치를 발휘하며 어떻게 인간

관계 속에 얽혀 있는지에 대한 통찰력 있는 시각을 제시했다. 중국 사회에서 개인은 관계의 유형, 친분의 정도에 따라서 상이한 사회적 교환규칙을 이용하는데, 사회적 관계는 개인들 간의 유대감의 정도에 따라서 다르게 나타난다.

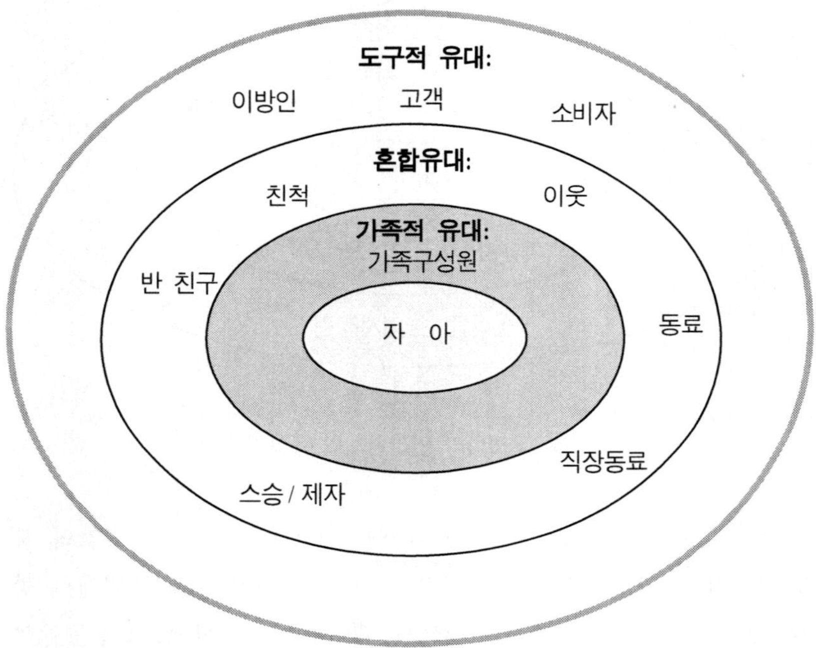

* 출처: Huang, 2000, p.225.

〈그림 4〉 유대감에 기초한 인간관계

<그림 4>에서 보는 바와 같이 유대감은 가족적 유대감(the expressive tie), 혼합유대감(the mixed tie), 도구적 유대감(the instrumental tie)으로 표현되고 있는데, 가족적 유대감은 가족, 친구, 동지 관계에서 나타나는 비교적 영구적이고 안정적인 관계이고, 다른 사람과의

관계 그 자체가 목적이다.

이는 이규태(2000)가 제시한 한국인의 인간관계로 보면 정의관계에 해당하며, 제1층위에 해당하는 관계의 유형이라 볼 수 있다. 이러한 가족 관계에서는 구성원들의 상대적 기여도에 관계없이 수혜자의 적당한 요구를 만족시키도록 이익을 분배하는 필요의 규칙(need rule)이 작용한다.

혼합유대감은 친척, 이웃, 학교 동료, 선생과 학생, 동향의 사람들 사이에서 나타나는 것으로 '인정'과 '체면'(중국에서는 'renqing'과 'mianzi', 영어로는 'face'와 'favor')을 통해 서로 다른 사람에게 영향을 미치려는 관계에서 나타난다. 이들 관계에서는 혈연적 태경에 기반을 두지 않기 때문에 반드시 영속적이지 않지만, 양 당사자가 서로 만나는 빈도만큼 관계가 유지된다.

이 관계는 이규태(2000)의 동심권의 제2층위와 제3층위에 걸쳐진 것으로 스스로의 관계적 노력 여부에 따라서 그리고 자원으로서의 이용가치에 따라서 관계유지 여부가 결정될 수 있다.

도구적 유대감은 세일즈맨과 고객, 버스기사와 승객, 간호사와 외래환자의 관계와 같은 비즈니스 관계로 불안정하고 임시적인 관계이며 다른 목표달성을 위한 수단이자 도구로서의 관계다. 이규태의 동심원에서는 타인에 해당하는 제4층위의 관계에 해당한다.

비록 이규태(2000)는 한국인의 가족주의적 양식에서 비롯된 관계양식에 그리고 황(Hwang, 1995)은 사회적 교환의 관점에서 '인정과 체면'의 가치를 설명하고 있지만, 오랜 집단주의적 문화를 공유한 중국인과 한국인 사이에서 나타나는 인간관계는 매우 흡사하다.

이규태(2000)는 이들 인간관계의 층위를 가르는 기준을 친밀감(접촉빈도)으로 표현하고, 황(Hwang, 1995)은 유대감(tie)이라는 말로 표현했지만, 서로 맥락을 공유하고 있으며 양 당사자 간의 관계를 규정짓는 중요한 잣대로 인식한다.

그렇다면 이제 한국인의 인간관계를 좌우하는 친밀감 혹은 유대감이 어떤 방식으로 형성되고 교류되는지를 살펴볼 차례다.

3. 정·체면·연줄의 상호작용

한국인의 인간관계에서 중요한 개념적 요소로 언급되는 것이 정, 체면, 연줄이다. 이들 요소는 개별적으로 그리고 세 요소가 상호 중첩적으로 작용하면서 대인관계뿐 아니라 사회적 관계에도 영향을 미치기 때문에 조직과 공중의 관계에 대한 탐색적 접근을 위해서는 이들 간의 상호작용을 이해하는 것이 중요하다.

정(情)은 한국적 인간관계를 돈독하게 만드는 민족고유의 정서이며 직간접적인 접촉과 공동의 경험을 통해 무의식적으로 생겨난 애착의 감정이다(김영룡, 1995). 정은 주고, 받고, 갚는 행위가 포함된 비타산적 감정이어서 정이 형성된 관계에서는 상대로부터 정이 되돌아올 것이라는 기대를 갖게 한다. 만일 그러한 기대가 어긋나게 되면 상대에 대해 섭섭함을 느끼게 되고, 정의관계가 깊다고 생각할수록 섭섭함의 정도도 커진다. 심정의 교류 역할을 하는 정(情)은 반드시 사람만을 대상으로 생기는 것이 아니며, 비대인적인 대상에게도 투영된다. 지속적인 접촉과 경험의 공유를 통해 기업, 정치조직 같은 비대인적 대상에 대해서도 얼마든지 정의 감정을 확장할 수 있다.

한국의 관계문화는 이러한 정(情) 개념과의 연관 속에서 논의되는데(Kim et al., 1994), 이는 한국 사회에서 중요한 대인관계가 그냥 아는 사람들과의 관계가 아니라 주로 연줄로 연결되는 내집단 성원과의 관계이기 때문이다. 이것은 마음에 안 든다고 해서 단절되는 관계가 아니라, 연줄로 연결되는 공통의 생활공간에서 지속적인 관계를 유지하며 '정'이라는 심정자원을 주고받는 교류다(한규석·최상진, 1999). 다시 말해서 정(情)은 한국인의 인간관계에서 중심적 자원의 역할을 담당하며, 혈연·지연·학연과 같은 공동의 연줄의식과 결부되어 더욱 강화된다.

여러 학자들이 한국의 사회적 관계에 가장 영향을 미치는 요소로 연줄을 지목했다(문석남, 1990, 김현주, 1995, 백선기, 1995). 연줄이란 한국인의 사회심리학적 속성인 연고주의가 일상의 인간관계로 표면화된 상태를 의미한다. 연줄은 연고주의에 바탕을 둔 인간관계의 끈 또는 유대를 의미하는데, 우리 사회에서 연고주의는 연령, 성별, 지역, 교육수준, 사회경제적 지위 등을 뛰어넘어 광범위하게 사람들을 응집시키는 힘을 지니고 있다. 즉, 연고주의는 우리 사회의 다양한 이질적 사람들을 동일한 연고를 중심으로 결집시키는 힘을 갖는다. 우리 사회에 연고주의가 널리 퍼지게 된 배경은 동일 연고를 통해 인간관계를 다지는 정서적 기능만이 아니라 서로의 이해관계를 도와주는 도구적 기능을 연줄이 수행하고 있기 때문이다.

다양한 이질적 사람들이 넓은 연줄망을 형성하게 되면 때론 연줄망 자체가 하나의 사회적 영향력을 갖기 때문에, 개인의 입장에서는 연줄망 자체가 유용한 사회적 자산이 될 수 있다. '출세하려면 줄을 잘 서야 한다'든가 '출세하려면 배경이 좋아야 한다'는 말은 어떤 사회적 연결망에 속하느냐가 개인의 사회생활에 실질적인 도움을 준다는 것을 암시한다. 우리 사회가 연줄 편향성을 강하게 드러낸 이유도 연줄을 통해 자신의 이해를 충족시킬 수 있다는 인식이 사회성원들에게 팽배해 있기 때문이다.

같은 연줄망에 있는 성원들 간에 이루어지는 커뮤니케이션은 폐쇄성과 비공식성, 집단가치 지향성을 드러낸다(김현주, 1995, 203쪽). 어떠한 연줄망이든 동일한 연줄망에서 이루어지는 커뮤니케이션은 내집단에 대한 애착과 외집단에 대한 폐쇄성으로 나타난다. 이는 동질성이 높은 삶을 살아온 한국인들이 내집단에 대한 애착은 남다른 반면, 외집단 성원에 대해서는 강한 심리적 저항감을 느끼기 때문이다.

여러 관계적 특성 중 연고주의는 특히 한국정치문화와 상호작용하면서 특이한 정치풍토를 형성해 왔다. 장기간의 군부통치로 인한 파행적 정치문화는 건전한 정당정치문화를 형성하지 못하고 인물을 중심으로 이합집산을 거듭했다. 정치인들의 정치적 도구로서 출신지역 연고가 이용되면서 지금까지도 지역 연고에 의한 지역정당체제가 깊이 뿌리내려 있는 게 현실이다. 민주주의적 절차와 이념에 근거한 합리적 정당체제가 중심이 되면서 정당을 통한 정권 창출이 이루어지기보다는 오히려 정권을 통한 정당 창출이라는 모순적인 과정들이 반복되어 왔다(백선기, 1995, 220쪽).

정(情)은 사람들 사이의 교류에서 상호 주고받고 되갚는 심정자원으로 기능하며, 혈연·학연·지연으로 연결된 연줄의 문화는 사람들 간의 접촉과 공동의 경험이 가능한 장을 제공하여 정이 쌓이고 교류될 수 있는 사회적 조건을 형성해 왔다. 따라서 혈연·학연·지연 등 연줄이 중첩될수록 돈독한 정의관계가 형성될 가능성은 커진다.

정이 사회적 관계 형성에 있어 정서적 기능을 지원한다면, 사회적 관계에서 연줄과 함께 체면은 전략적 기능을 담당한다. 체면은 이미지 혹은 상(象)이며, 사회적으로 바람직하다고 생각하는 가치로 구성되고, 남들이 받아들여 주기를 바라는 자기 모습을 의미한다(임태섭, 1995, 104쪽). 개인적 차원에서 체면은 개인의 인상관리라고 볼 수 있다. 다른 사람에게 자신을 사회적으로 바람직한 사람으로 보이고자 하는 욕구가 바로 체면 유지 욕구인데, 개인적 수준에서 사회적으로 역량이 있고, 품위가 있으며, 성숙한 모습으로 비춰지기 위해 자신을 관리한다.

체면을 조직 차원으로 확장하면 조직의 인상관리(impression manage-ment)에 해당할 수 있다. 조직이 사회적으로 바람직한 가치를 실현하는 긍정적 이미지를 확보하려는 공적인 노력도 넓은 차원에서 체면 유지 전략으로 이해할 수 있다. 조직이 사회적으로 체면 깎이는 행위를 하게 되면 공중들로부터 긍정적 평가를 받을 수 없으며, 이는 결국 조직과 공중 간의 원활한 관계 형성에 걸림돌이 된다.

중국 사회에서 체면전략의 중요성을 역설한 후앙(Huang, 2001)은 인적 네트워크를 확장하거나 관계를 강화하는 데 있어서 체면이 중요한 자원으로 기능한다고 주장했다. 체면 관리에 능숙한 사람일수록 자원 할당가가 그 요청을 수락할 가능성이 커지기 때문이다. 사회적 자원으로서 체면 관리는 기존에 쌓아온 연줄과 정의교류에 의해서 가능하다. 심정의 교류를 통해 정을 쌓은 사람들 간의 관계에서는 상대의 체면을 훼손하지 않는 행위가 기대되며, 혈연·학연·지연의 네트워크를 형성한 사람들에게 자신의 체면을 내세워 무엇인가를 청탁했을 때 문제의 해결 가능성이 커진다는 점에서 그러하다.

앞에서 살펴본 바와 같이 우리나라 사람들의 인간관계는 정, 체면, 연줄의 상호작용 속에서 친밀감을 형성하고, 또 그 친밀감을 형성하기 위한 전략적 자원으로 정·체면·연줄이 이용되기도 하는 순환적인 과정 속에 있다.

친밀감의 정도와 접촉의 빈도에 따라 자신이 교류하는 인간층위를 형성하고 각 층위에서 집단성과 폐쇄성을 갖는 한국인의 인간관계에서는 '친밀감'이 어떤 수준이냐에 따라 양자 간 관계를 예측하는 중요한 변수로 작용할 수 있다. 예를 들어, 친밀감이 높은 관계에 있을수록 상대방이 어떤 생각을 하고 향후 어떻게 행동할 것이라는 기대체계가 형성되어 있기 때문에 상대와의 관계를 유용하지 관리할 수 있다.

정의교류를 통해 인간관계를 형성한다는 것은 이규타(2000)가 구

분한 인간층위의 가장 외부에 있는 제4층위의 타인이 더 낮은 층위
의 인간관계 속으로 편입해 들어가는 것을 의미하며, 이 경우 필요
한 것은 정, 체면, 연줄의 상호작용을 적절하게 이용하는 것이다.

IV

정당과 유권자

정당과 유권자는 선거라는 제도적 장치를 통해 상호 연결될 수밖에 없는 관계이고, 정권의 획득을 목표로 하는 정당은 유권자의 투표라는 행위적 지지 없이는 존립이 어렵기 때문에 유권자에 대한 의존성이 매우 높다. PR의 관점에서 정당은 정치적 자원인 유권자의 지지를 확보하고 유지할 수 있도록 이를 관리하는 조직이다. 정당이 정치적 영향력을 행사하기 위해서 활용할 수 있는 정치적 자원은 선거에서 국민들의 지지로 나타나는 득표수이고, 의회에 진출한 국회의원의 숫자다(심지연, 2003, 104쪽). 따라서 정당에게 있어 유권자의 지지라는 자원을 어떻게 관리하느냐는 매우 중요한 문제다.

정치 결사체인 정당은 정책 경쟁을 통해 유권자 공중의 참여를 유도하는데, 이때 정당 PR은 정당과 유권자의 원활한 커뮤니케이션을 관리하는 기능으로 정의된다. 광의의 의미에서 정당 PR의 목표는 정권의 획득과 유지에 있다. 이를 위해 정당 PR은 정당의 이미지를 관리하고, 신뢰도 및 이해도를 증진시키며, 유권자들과의 갈등조정 기능을 한다(탁재택, 2001, 109~110쪽).

정당-유권자 관계성 평가차원을 밝히기 위해서는 한국 관계문화의 본질이 무엇인지를 찾는 노력과 함께 조직으로서의 한국 정당과 유권자에 대한 고찰이 요구된다. 조직 자체가 갖는 특성이 무엇인지에 따라서 공중과의 관계의 내용이 달리 나타날 수 있기 때문이다.

1. 유권자 행태연구

유권자의 행태에 관한 연구는 크게 3가지 시각에서 이루어져 왔다. 첫째는 사회학적 시각에서 후보 선택행위를 설명하는 콜롬비아학파의 연구다. 이들은 한 개인의 사회적 지위가 그 개인의 선택행위유형을 결정한다고 보았다. 교육수준, 소득수준, 출신지역 등이 후보 결정에 영향을 미친다는 주장이다. 특히 유권자들이 종교나 직업과 같이 자신이 속한 사회집단에 따라 특정 정당이나 후보자를 선택한다고 보는 입장이 사회학적 모형이다.

둘째는 미시간학파의 주장으로 이들은 사회학적 변수 외에 유권자의 심리적 변수를 강조했다. 유권자의 이념적 성향, 정당지지도, 후보자에 대한 평가, 정치적 태도 등의 변수가 유권자 선택행위에 중요한 요소가 된다고 보았다. 미국의 정당일체감(party identification)이나 우리나라의 여야성향8) 연구 등이 이 범주에 해당한다. 미시건학파의 이론은 특히 '미국인의 투표행태를 설명하기 위한' 이론으로서 어릴 때부터 갖게 되는 특정 정당에 대한 귀속감이 유권자들의 투표행위를 결정한다는 내용이 핵심이다. 그래서 미시건 학파의 이론을 '심리·문화적 모형'이라고 한다.

권인석(1991, 2000)은 다양한 유권자의 심리적 스펙트럼 가운데 정당선호와 더 밀접한 관계를 갖고 있는 심리적 특성변수를 가정하

---

8) '여야성향'은 유권자의 심층에 자리 잡고 있는 심리적 성향으로, 여당편이냐 야당편이냐는 행위적 결과를 나타내는 개념으로 제안되었지만, 97년 대선 이후 안정적인 정당지지를 설명하는 변수로서의 설명력을 잃고 있다. 이갑윤은 여야성향은 지역주의의 결과물이며 여야성향이 따로 떨어져 고립적으로 존재하는 것이 아니라 민주화 이후 여야성향은 지역주의의 결과물로서 나타난 현상을 스케치한 개념에 불과하며 지역주의 없는 여야성향은 설명이 안 된다고 주장했다(1998, 87~109쪽).

고 유권자의 정당선호를 예측했다. 또 유권자가 정당에 대해 취할 수 있는 다양한 행위목록을 범주화하여 정당과 유권자의 관계를 보다 역동적이고 체계적으로 설명하고자 했다.

유권자가 정당에 보이는 행위유형을 범주화하면 투표참여, 지지정당의 후보를 위한 투표, 유세장 참여 및 지지행위(박수·환호), 다른 사람 설득과 같은 행위적 지지와 회비를 내거나 기부금을 내는 행위를 포함하는 금전적 지원행동, 지지하는 정당이나 후보에게 유리한 정보를 제공하는 정보 지원행동으로 나뉜다(권인석, 2000, 90쪽).[9] 이들 행위적 차원은 유권자의 정당에 대한 일반적인 태도, 선호정당 여부 등과 같은 인지·심리적 차원과 함께 정당관여를 살필 수 있는 중요한 차원이 될 수 있다.

그는 미국의 '정당일체감'을 대신할 수 있는 대안으로 정당에 대한 '몰입감'(commitment)과 '의존성'(dependence) 개념을 제안했다. 그는 유권자가 정당과 관련하여 나타낼 수 있는 다양한 정치적 행태차원이 유권자와 정당 간의 관계를 설명하는 데 유용성을 갖기 위해서는 그 관계가 안정적이면서도 유권자의 행태와 의미 있는 관계를 맺을 필요가 있음을 지적했다.[10]

안정적이란 의미는 정당 일체감과 같이 비록 자신이 지지하는 정당이 일시적으로 마음에 들지 않는다고 하더라도 지지를 쉽게 바꾸

---

9) 예컨대 투표 이외에 유권자가 정당에게 보일 수 있는 행위목록으로 ① 정치정보에의 접근 ② 선거자금의 기부 ③ 아이디어나 정보의 제공 ④ 정당의 정치적 집회나 모임 참석 ⑤ 자원봉사 활동이나 유급 정당 활동 ⑥ 자신의 지지정당을 타인에게 지지하도록 호소하거나 설득 ⑦ 입당, 탈당, 당적의 변경 ⑧ 정당에 대한 비판, 항의 또는 개선의 요구 ⑨ 불만 있는 정당에 대한 비난이나 비방 등을 제시했다.

10) 합리적-비합리적, 직접적-간접적, 남성적-여성적, 일방적-쌍방적, 수동적-능동적, 파괴적-건설적-외부적-내부적, 수직적-수평적, 관계유지적-관계 단절적 차원, 경제적-정치적 차원, 개인적-집단적 차원, 물질적-정보적 차원 등

지 않을 정도로 지지 행동이 심리적으로 구조화된 상태를 의미한다. 정당의 목표나 가치가 유권자의 그것과 유사하거나 정당에 대한 긍정적 태도가 누적되어 심리적으로 구조화된 상태를 '몰입감'으로 정의했다.

반면 정당에 관여함으로써 개인의 정치적·사회적·경제적 이익을 추구하는 데 도움이 된다고 믿기 때문에 관여하는 것은 정당과의 교환관계 때문에 유권자가 정당에 의존되어 있다는 점에서 '의존성'의 개념으로 설명한다. 한국의 경우 지연이 다른 변수에 비해 매우 강한 의존성을 띠며, 혈연·지연·학연 등과 같은 연고주의적 변수들이 사회적 계층이나 재산과 같은 변수에 비해 상대적으로 안정적이라고 지적했다.

셋째는 합리적 선택이론에 기초한 경제학적 접근이다. 비교적 최근에 관심을 끌기 시작한 이 이론은 선택행위에서 개인의 합리성(individual rationality)을 강조했다. 인간은 선택에 앞서 합리적으로 계산할 수 있는 이해타산적 존재이며 개인이 가지고 있는 선호순위(preference order)에 의해 선택이 이루어진다는 점을 전제하고 있다. 실제 유권자의 투표결정은 국내외의 경제적 사정(인플레이션, 세금, 금리(金利), 실업률 등)과 같이 '선거에서 표출되는 이슈'에 따라 정당과 후보자를 결정한다고 보는 모형이다.

한국 유권자의 선택행위 모델을 연구한 이남영(1999)은 위에 설명한 여러 학파의 이론이 모두 인간의 선택행위에 주목했그, 학문적으로 이 분야에 지대한 공을 세웠음에도 불구하고 이들 이론이 선택행위 자체를 제대로 설명하고 있는지에 대해 의문을 제기했다. 그는 최소정보보유경향과 비일관적인 신념체계를 소유한 대부분의 유권자들이 어떻게 정치적 의사결정을 하는가에 문제를 제기하고, 유권자들은 전혀 정보 없이 선택을 하는 것이 아니라 몇 가지 중요한 정보를 바탕으로 경제적인 선택행위를 한다고 주장했다. 그에 따르면, 대부분의 유권자들은 후보자의 정당·학벌·출신지역·정견 등 여러 정보 중에서 일부 요소만을 고려하는 합리적 선택행위를 한다.

이런 의미에서 보면, 그동안 우리나라 유권자들의 선택행위를 안내하는 지름길 역할을 담당했던 요인은 '지역주의'다. 우리나라 유권자는 일차적으로 정당이나 후보자가 자신과 같은 '출신지역'인지를 먼저 따진 이후 인물, 정견 등 다른 정보를 고려할 가능성이 많다는 점에서 그러하다.

다음은 우리나라 유권자의 정당결정이 어떤 요소들에 의해 이루어지는지를 보다 심층적으로 검토함으로써 유권자의 정당 관계성 평가에 영향을 미칠 수 있는 주요내용들을 고찰한다.

2. 한국 유권자의 정당결정요인

정치체제의 성격이 무엇이든 정당은 정치적 동원의 핵심 담당자로 역할을 수행해 왔으며 그에 따라 국지적 공동체들을 국가 전체 혹은 보다 넓은 연합체로 통합시키는 데 기여해 왔다. 또한 정당은 커뮤니케이션망을 구축함으로써 국민적 일체감을 강화시키는 데 기여해 왔다. 이처럼 정치체제의 유지 및 작동에 있어 핵심적 역할을 담당하는 정당에 대한 유권자의 지지를 결정하는 요인이 무엇인가를 밝히는 것은 중요하다.

〈표 4〉 서구 국가의 정당균열

기 준	국 가
사회경제적	오스트리아, 벨기에, 덴마크, 프랑스, 서독, 그리스, 아일랜드, 이탈리아, 네덜란드, 노르웨이, 포르투갈, 스페인, 스웨덴, 스위스, 영국, 캐나다, 미국, 콜롬비아, 도미니카공화국, 베네수엘라, 인도, 일본, 이스라엘, 스리랑카, 터키, 오스트레일리아, 뉴질랜드
종교적	오스트리아, 벨기에, 프랑스, 독일, 이탈리아, 네덜란드, 노르웨이, 일본, 스위스, 콜롬비아, 베네수엘라, 이스라엘, 터키, 오스트레일리아
인종·문화적	벨기에, 핀란드, 캐나다, 인도, 스리랑카
도시·농촌	덴마크, 핀란드, 노르웨이, 스웨덴, 오스트레일리아
체제지지	핀란드, 프랑스, 그리스, 이탈리아, 포르투갈, 스페인, 인도, 일본, 스리랑카
외교정책	프랑스, 그리스, 아일랜드, 이태리, 포르투갈, 인도, 일본, 스리랑카
탈물질주의	네덜란드, 노르웨이, 스웨덴

* 출처: Lijphart, 1981, p.30.

　선거연합과 정당노선의 차이를 가져오는 정당균열의 원인으로 서구 28개국을 검토한 레입하트(Arend Lijphart)는 사회경제적 계급, 종교, 인종·문화, 도시·농촌, 체제유지, 외교정책, 탈산업사회의 가치인 탈물질주의 등의 7가지 요인을 제시하면서, 이 가운데 계급과 종교에 의한 균열구조가 가장 보편적이고 강도가 높다는 것을 발견했다. 나아가 계급적 균열이 유럽 국가들의 의회와 연립정부의 구성에 있어 종교보다 더 큰 역할을 하고 있음을 보여주었다.

　여기서 균열구조가 보편적이라는 말은 유권자가 균열구조에 따라 정당을 선택하고 지지를 결정한다는 의미다. 즉, 계급균열이 보편적일수록 유권자들은 계급정당에 대한 지지를 결정하고, 종교균열이 보편적일수록 유권자들은 자신들의 종교와 일치하는 종교정당에 대한 지지를 결정한다. 어느 경우에도 단일한 균열구조가 지배하는 사회는 없으며 계급, 인종, 종교, 지역 등 한 가지 이상의 복합적인 균열이 나타난다.

1) 여촌야도

제2공화국을 제외하면 해방 이후 계속된 권위주의 시대의 선거과정은 유신시대나 제5공화국과 같이 대통령선거의 결과가 이미 결정되어 있을 정도로 선거왜곡의 정도가 심했다. 그러나 적어도 국회의원선거에서는 정당 간의 경쟁과 유권자의 선택이 비교적 자유로웠다고 할 수 있으며, 선거결과가 항상 여당에게 유리하게 작용했던 것만은 아니었다. 공화국이 바뀔 때마다 선거제도의 개정과 새로운 여·야당의 등장과 소멸이 거듭되었으나, 선거과정에서의 정당경쟁과 투표행태는 지속적으로 일정한 양상을 보여 왔다.

먼저, 정당경쟁은 여당과 통합야당이 체제의 민주화를 둘러싸고 경합함으로써 민주-반민주의 균열에 의한 양당제적 경쟁의 양상을 보여 온 반면, 선거결과에서 지속적으로 나타난 투표행태는 도저촌고(都低村高)와 여촌야도(與村野都) 현상이었다. 도저촌고란 도시인보다 농촌인의 투표율이 높은 현상을 지칭하며, 여촌야도란 농촌에서는 여당의 득표율이 높고 도시에서는 야당의 득표율이 높게 나타나는 현상을 말한다.

정도의 차이는 있지만 선거결과에서 나타난 도저촌고와 여촌야도 현상은 공화국이나 정당제의 변동에도 불구하고 장기간 일관되게 나타났다. 권위주의 시대의 선거연합이라고 할 수 있는 여촌야도 현상은 1950년대 제2대 대통령선거에서부터 서서히 나타나기 시작하여

1958년 제4대 총선에서부터 본격적으로 나타나게 되었으며, 적어도 13대 총선과 대선까지 지속됐다.

여촌야도 현상은 정확히 말한다면 도시에서 야당이 농촌에서 여당이 우세하다는 것보다는 야당의 득표율은 농촌보다 도시가 높고 여당의 득표율은 도시보다 농촌이 높은 현상을 가리킨다. 왜냐하면 어느 정당도 도시 혹은 농촌에서 50% 이상을 득표하지 못한 경우가 많았고, 또한 대도시를 제외한다면 도시지역에서도 야당보다는 여당의 득표율이 높았던 경우가 많았기 때문이다.

선거별로 도시와 농촌 간의 정당지지 차이의 크기가 다른 것은 무엇보다도 선거의 주된 이슈가 민주-반민주의 대립을 둘러싸고 제기되었는가의 여부에 달려 있다고 하겠다. 다시 말해 민주화 이슈가 비교적 큰 선거에서는 여촌야도의 크기가 크게 나타났던 반면, 그렇지 않은 선거에서는 약하거나 거의 나타나지 않았다. 여촌야도가 가장 크게 나타난 4대 총선, 8대 총선, 12대 총선, 7대 대선 등이 대표적인 사례다. 반대로 9대 총선과 11대 총선과 같이 민주화 이슈가 권위주의 정부의 강한 통제에 의해 억제되거나 6대 대선과 같이 민주화 이슈 대신에 정부주도의 공업화 정책이 주된 이슈가 되었던 선거에서는 여촌야도 현상이 거의 나타나지 않았다.

여촌야도의 원인에 대한 연구에 따르면, 여촌야도는 주로 정부나 관변단체에 의한 농촌인의 동원, 정부자원의 배분을 통한 여당의원이나 후보자들의 지역개발사업, 농민들의 이익추구 형태로서의 합리적 투표 등이 거론됐다. 최근에는 경험연구를 통해 여촌야도 현상의 원인이 도시에 살고 있는 사람과 농촌에 살고 있는 사람의 교육수준 및 연령의 차이라고 설명하고 있다(이갑윤 1998, 34쪽). 우리나라 유권자들의 정치적 정향이나 태도에 가장 중요한 영향을 미치는 것은 개인의 교육수준과 연령이며, 출신지역을 제외하면 직업·수입·성별·거주지·종교 등 기타 사회경제적·인구학적 변수들은 거의 통계적으로 유의미한 영향을 끼치지 못하는 것으로 받아들여지고 있다.

여촌야도의 효과는 13대 총선 이후 감소하기 시작하여 14대 대선에서는 거의 찾아보기 어렵게 됐다. 그 이유는 한편으로는 민주화가 상당히 진전됨으로써 민주화가 이제 더 이상 중요한 이슈가 아니게 되었으며, 다른 한편으로는 경제의 침체, 정당정치인에 대한 불만과 불신의 증대 등에 의해 민주화에 대한 선호도가 크게 약화되었기 때문이다.

도시와 농촌에서의 득표율 차이가 여당이 야당보다 작은 이유는 야당이 도시에서 얻은 지지율만큼 여당이 농촌에서 지지를 받고 있지 못하기 때문이다. 이는 도시에 비해 농촌에서 더 높은 득표율을 올리고 있는 무소속 후보자나 군소정당의 후보자들이 야당지지보다는 여당지지를 더 많이 잠식하고 있기 때문이라고 할 수 있다. 2인 선거구제하에서 나타난 무소속 후보자들의 득표율 증가는 여당 득표율 감소에 중요한 원인이 되기도 했다.

2) 지역주의

유권자의 정당지지 결정의 가장 중요한 요인으로 간주되는 것이 지역주의다. 근대화론자들은 유권자의 지역주의적 투표의 가장 중요한 원인으로 전통적인 지역감정을 강조한다. 지역주의 투표는 전근대성의 소산으로서 사회적·경제적·정치적 문제의 해법이 지역에 기반을 둔 방법을 통해 해결될 수 있다는 믿음에서 비롯되는 것으로, 이때 지역은 상대적으로 동질성을 갖는 영역이 구분되는 영토로 정의된다(Bradshaw, 1987, pp.7~8).

지역주의는 종종 경제적으로나 정치적으로 어려운 시기에 나타나는 투쟁적인 태도 혹은 이해관계를 공유하는 집단의 출연이라고 인식하는 것이 보통이지만, 한국의 지역주의는 이해관계에 관련한 개념이라기보다는 원초적인 감정으로 간주되어 왔다. 기존의 지역주의 투표에 대한 정의는 이러한 생각을 직접적으로 뒷받침하고 있다.

지역주의 투표는 유권자들이 자신의 고향출신 후보자들에 대한 우호적인 일체감과 지지로 정의된다(조기숙, 2000). 따라서 지역주의 투표는 단순한 감정의 산물로 인식되어 왔다. 문화주의자들은 전통적인 지역주의는 유교에서 비롯된 가족주의의 연장이라고 주장한다. 이들은 한국의 정치문화가 참여적이고 긍정적이라기보다는 지방적이고 부정적이라고 주장한다. 그들의 투표행태에 대한 관찰은 우리의 정치문화에 대한 이해와 일관성이 있다. 그들은 특히 농촌지역에서 쟁점이 투표에 중요한 역할을 하지 못한다고 주장한다. 왜냐하면 유권자들은 그들의 결정을 후보자와의 개인적인 친분관계나 후보자의 개인적인 특성(출생지, 친인척관계, 교육, 나이 등)에 근거하여 투표 결정을 내리기 때문이다(조기숙, 2000, 44쪽).

그들은 이러한 후보자 중심의 투표에는 두 가지 이유가 있다고 지적한다. 첫째, 정치제도의 역사가 짧아 정당들이 아직 성립되지 않았기 때문에 유권자들은 지속적으로 유지되는 정당일체감을 갖고 있지 않다. 둘째, 확대가족제도와 공동체주의적 특성으로 인해 선거결과에 영향을 주는 중요한 요인들이 개인적 특성, 지지하는 인간관계망 혹은 지역적인 연계나 후보자와의 친인척관계 등이라는 것이다. 이러한 설명은 또한 한국인은 가족에 근거하여 일차적인 집단에 대한 책임감과 충성심을 보여주는 반면, 이차적 집단은 불안정하고 균열적인 태도를 보이는 것으로 간주한다. 따라서 지역주의는 일종의 소속감의 결과에 불과하기 때문에 근대화가 진전됨에 따라 점차 사라질 것으로 보았다.

그러나 이러한 문화주의자들의 소망스런 사고와는 달리 지역주의는 소멸하기보다는 여전히 강력한 요인으로 남아 있다. 지역주의의 전개방향은 근대화론자들이 예견했던 것과는 다르게 진행되고 있다.

이러한 문제점을 비판하면서 합리적 선택이론가들은 지역주의가 단순히 전통적인 감정의 결과가 아니라 합리적 선택의 결과이며 또한 지역주의 투표가 목적 지향적인 행위라고 주장한다. 이러한 주장을 이해하기 위해서는 유권자들이 투표선택을 하는 데 있어 왜 주거지보다는 연고지가 더 중요한 변수인지를 파악해야 한다. 만일 지역주의가 이해관계의 개념이라면 출생지보다는 주거지가 훨씬 더 중요한 작용을 해야 하기 때문이다.

지역주의 이전의 균열은 도시와 농촌 간의 균열, 이른바 여촌야도 현상이었다. 여당은 급속한 경제발전을 이유로 독재정권의 효율성을 지지한 반면, 야당은 정권교체를 통한 민주주의 개혁을 지지했다. 도시지역과 농촌지역 사이의 과거 균열이 민주화와 발전전략이라는 쟁점에 근거했기 때문에 여촌야도로 상징되던 과거 도시와 농촌 간의 균열은 민주화와 함께 지역주의로 대체됐다. 지역주의가 유권자의 정당지지에 결정적 영향을 미치게 되었던 이유는 크게 두 가지로 요약할 수 있다(조기숙, 2000, 46쪽).

하나는 영남출신의 박정희 대통령과 그 후계자들은 자신의 출신지역에 유리한 분배정책과 인사정책을 오랫동안 유지했다. 전통적으로 농업 지역이었던 호남지역은 상대적으로 이러한 차별정책에 의해 심한 정치적 박탈을 감수해야만 했는데, 이는 부분적으로는 박정희의 호남에 대한 개인적인 적대감 때문이었고, 다른 한편으로는 호남출신인 김대중이 정권에 대한 저항세력 중 가장 성공적인 지도자였기 때문이기도 하다.

다른 하나는, 지역주의 이외의 쟁점이 중심쟁점으로 등장하는 데 실패했기 때문이다. 단일한 민족과 동질적인 언어, 게다가 분단으로 인한 좌파 이데올로기의 억압은 사상의 다양성을 제한해 왔다. 한마디로 지역주의는 타고난 특성의 발현이라기보다는 현재의 정치적 갈등의 반영이라고 보아야 한다. 결국 한국의 유권자들은 자신의 주거지에 앞서 연고지 출신의 정당지지자가 리더십을 발휘하는 정당을 지지하는 정당으로 선택하게 된다.

3) 세 대

세대 개념은 특정 시기의 역사적 사건이나 사회적 환경이 가치정향을 형성하는 시기(일반적으로 청소년 후기와 성년 초기)에 있는 사람들에게 중요한 영향을 미치며, 이러한 형성시기(formative period)를 거친 후에는 이때 갖게 된 가치정향과 태도가 그다지 잘 바뀌지 않는다는 만하임(Karl Mannheim) 등의 사회학자들의 가설에 기초하고 있다.

형성시기에 경험하게 되는 사회화의 영향력을 중시하는 세대론자들은 대체로 사회가 빠르게 변하여 각기 상이한 환경에서 성장한 다양한 연령집단들이 존재할 때 세대요인의 영향력이 더욱 두드러지게 나타날 가능성이 높은 것으로 보고 있다. 한국전쟁 이후 우리 사회는 특히 1960년대부터 본격적으로 시작된 급속한 경제발전으로 인하여 심대한 경제적·사회적 변화를 겪었다. 그 결과 각 연령집단이 가치관을 정립하는 중요한 형성시기에 경험한 사회경제적 상황이 매우 상이했고, 따라서 한국 사회는 세대론적 접근방식을 적용하는 데 있어 적절한 사례가 될 수 있다.

한국 사회는 그동안의 급속한 사회경제적 발전에 병행하여 현저한 가치정향의 변화가 이루어지고 있다. 아직 전통적 가치가 많이 남아 있지만, 근대적 가치정향이 유권자들, 특히 젊은 유권자들 사이에 광범위하게 퍼져 있다. 게다가 빠르게 진행된 도시화는 전통적 사회망을 붕괴시킴으로써 더욱 이질적인 사회를 만들어냈다. 도시화는 또한 사회의 원자화를 초래하여 개인주의를 확산시키고 전통적인 가치를 더욱 약화시켰다. 그 결과 현재 우리 사회에는 전통적 가치 및 태도가 근대적 가치 및 태도와 공존하고 있는데 여기에서 중요한 것은 가치정향에 있어서 뚜렷한 세대 간의 차이가 존재하고 있다는 점이다(정진민, 2002).

이와 같은 세대 간의 가치정향의 현저한 차이는 우리의 정당정치에도 영향을 주지 않을 수 없다고 보는데, 이는 앞으로 유권자들의 세대별 구성 비율이 지속적으로 바뀜에 따라 이들의 정치적 태도 및 형태가 변화하고, 나아가 정당의 지지기반, 지지 동원 방식, 조직형태 등에 변화를 초래할 수 있다.

최근의 정당정치에서 두드러지고 있는 투표율의 급격한 하락과 무당파 유권자 및 부동층 유권자의 현저한 증가 등은 흔히 기존 정당체계의 해체기에 관찰될 수 있는 전형적 현상들로서 민주화 이후 출현한 지역주의 정당체제가 동요하고 있다는 징후로 볼 수 있을 것이다.

이처럼 유권자들이 지역주의 정당정치로부터 이탈되고 있는 것과 관련하여 주목할 것은 이러한 유권자들의 지역주의 정당정치로부터의 이탈이 젊은 유권자층에 집중되어 있다는 사실이다. 서구의 나이 든 유권자집단이 계급이나 종교에 따라 정당일체감 또는 정당충성심(party loyalty)이 형성되었던 것처럼 나이 든 한국의 유권자들에게는 출신지역이 정당충성심을 확립하는 데 강하게 작용해 왔다.

하지만 지역주의의 영향을 상대적으로 적게 받고 그보다는 자신들의 일상생활과 관련된 실질적 쟁점과 삶의 질에 더 관심이 많은 신세대 유권자들의 경우는 이와 다르다. 이에 따라 지역주의에 기초한 기존 정당들은 출신지역에만 기초하여 정당에 대한 지지를 결정하려는 동기부여가 상대적으로 약한 신세대 유권자들의 지지를 동원해 내는 데 어려움을 겪고 있다.

　　실제로 1960년대 이후 출생한 신세대 유권자들은 현재의 지역주
의 정당정치에 무관심한 세대로서 최근 선거에서 투표율이 지속적으
로 하락하는 것은 1960년대 이후 출생한 신세대 유권자들이 전체
유권자에서 차지하는 비율이 증가하는 데 기인하고 있다. 선거에 참
여하는 신세대 유권자들은 지역주의에 기초한 투표선택의 비율이 나
이 든 세대와 비교하여 상대적으로 낮을 뿐 아니라 투표결정과 관련
해서도 선거일에 임박해서 지지정당을 결정하는 소위 부동층 유권자
들 역시 이들 신세대 유권자들에 더욱 집중되어 있다.[11]

　　또한 1960년대 이전에 출생한 40대 이상의 연령층과 비교하여 1960
년대 이후 출생한 신세대 유권자들 중에 지지정당이 없는 무당파의
비율이 뚜렷하게 높은 것으로 나타나고 있다(이현출, 2000, 144쪽).

4) 이　념

　　한국전쟁의 영향으로 이념 이슈는 한국정치의 균열구조에 편입될
수 없었다. 이념 이슈가 부각된 것은 비교적 최근의 일로서, 특히
2002년 대통령선거와 2004년 국회의원선거에서 이념에 의한 투표행
위가 주목을 받으면서부터다. 실제로 그 이전까지 유권자의 정당선
택에 있어 이념요인은 선택대안에서 애초에 배제된 요인이었다. 이
념요인이 정당선택의 기준이 되었던 것으로 나타난 최초의 선거는
2004년의 17대 총선이었다.[12]

---

11) 세대별 지역주의 투표 및 부동층 유권자의 비율은 정진민(2001, 217쪽)
　　을 참조하라.
12) 강원택(2003)은 지역주의가 정당경쟁을 지배하는 유일의 변인으로 간주
　　되던 시점에도 정치이념은 지역주의만큼 강하지는 않았더라도, 유권자
　　의 선택에 적지 않은 영향을 미쳐 왔음을 주장했다.

일반적으로 17대 총선은 보수 대 진보의 대결구도하에 진행됐다고 평가한다. 열린우리당의 원내 제1당 확보는 진보주의의 승리로 받아들여졌으며, 이는 곧 보수주의가 주류를 이루었던 한국 사회에 커다란 변화를 가져다줄 것으로 해석됐다. 일부에서는 냉전이데올로기가 가미된 보수가 탄탄한 주류를 형성해 온 우리 사회에서 개혁과 진보의 물결이 위력을 보여주었다고까지 평가했다. 그러나 실제 선거기간 동안 유권자들은 자신의 이념적 위치를 정확히 인지하고 이에 따라 자신들의 지지정당과 후보를 결정했는가에 대해서는 여전히 의문이 제기되는 것도 사실이다.

우선 한국정치의 이념구도는 '진보'와 '보수'라는 다소 애매모호한 개념으로 표현되고 있다. 진보는 통념적으로 "인간존재의 자연적, 사회적 조건은 과학과 이성의 작용을 통하여 개선될 수 있으며, 행복과 복지수준을 부단히 향상시키는 것으로 귀결될 것이라는 생각"으로 일반화된다(홍윤기, 2002, 20쪽).

또한 진보는 역사의 객관적인 발전을 의미하며, 진보주의는 역사적 발전을 요구하는 태도다. 따라서 진보는 한 사회의 발전을 지향하는 모든 사회적 운동의 목표라고 규정될 수 있는 매우 폭넓은 개념이라고 할 수 있으며 이러한 진보의 개념에 대한 정확한 반대어는 퇴보다. 진보와 퇴보는 역사의 객관적 발전과 후퇴를 의미하며, 그것은 행위자들이 가지는 이념적인 태도라기보다는 현실적인 사태의 진전 자체와 관련되는 개념이라고 할 수 있다.

한편 역사발전의 방식과 경로를 둘러싸고 기존의 질서를 고수(보수)하려는 입장과 기존의 질서를 혁신(개혁)하려는 입장이 존재하며 이를 각각 보수주의와 혁신주의라는 이름으로 부를 수 있다. 즉 보수주의는 해당 시기에 기존의 사회질서를 고수하는 것이 객관적인 사회발전에 기여한다고 주장하는 반면, 혁신주의는 기존의 사회질서를 개혁하는 것이 객관적인 사회발전에 기여할 수 있는 길이라고 주장한다(김원식, 2002, 56쪽).

　문제는 현실의 정당들이 이러한 보수와 진보의 이념들을 어느 정도 대변하는가에 있다. 한국정치에서 이념성향에 의한 유권자의 투표행태가 최초로 나타난 선거로 간주되는 17대 총선의 경우 중도적인 성향의 정당으로 분류되는 열린우리당과 진보적인 성향의 정당인 민주노동당에 대한 지지는 25세부터 34세까지의 연령대에서 정점을 이루고 이 연령대로부터 멀어질수록 열린우리당과 민주노동당에 대한 지지가 줄어들었다.

〈표 5〉 연령대별 정당지지율

연　령	민주노동당	열린우리당	한·나라당
20~24세	21.4	44.4	23.2
25~29세	27.3	47.7	16.8
30~34세	28.0	48.1	12.7
35~39세	21.2	45.3	26.6
40~44세	18.6	41.6	21.5
45~49세	14.9	36.2	32.0
50~59세	8.2	40.9	36.9
60세 이상	5.2	37.8	37.5

* 출처: 이준한·임경훈, 2005, 233쪽.

　반대로 보수적 성향의 정당으로 분류되는 한나라당의 경우 45세부터 점점 증가하기 시작한다. 이념적으로 가장 진보적인 민주노동당에 대한 지지가 연령대가 높아질수록 뚜렷하게 감소하지만, 이념적으로 가장 보수적인 한나라당에 대한 지지는 연령대가 높아질수록 뚜렷하게 증가한다는 것이다. 반면 이념적으로 중도적인 열린우리당에 대한 지지는 젊은 세대가 조금 높지만 전 연령대에 고르게 분포되어 있다.

이러한 양상은 대통령탄핵과 관련하여 상대적으로 진보적인 성향의 젊은 세대가 탄핵에 반대하면서 중도적이면서 개혁적 성향을 보이는 열린우리당과 진보적 성향의 민주노동당을 각각 더 선호했고, 보수적인 기성세대가 탄핵에 찬성하면서 보수적인 한나라당을 더 지지하는 경향이 있었다고 해석될 수 있다.

이념에 의한 유권자의 투표행위는 본격 이념정당을 표방하는 민주노동당이 원내진입에 성공한 데 힘입어 점차 확산될 것으로 기대되고 있다. 그러나 앞으로의 선거에서 연령과 이념의 상호 연관관계가 유지될지는 미지수다. 앞의 <표 5>에서 알 수 있듯이 20대 초반의 유권자가 20대 후반의 유권자에 비해 상대적으로 한나라당에 대한 높은 지지를 표하는 것을 볼 수 있다.

2004년에 나타난 젊은 유권자들의 이러한 새로운 투표행위는 연령에 따른 이념분포에 변화가 일고 있다는 것을 나타내는 것이다. 일반적으로 20대 초반의 세대는 전체적으로는 전교조 세대로 구분되어 전교조의 진보성향에 영향을 받았을 것으로 예상됐다. 하지만 20대 초반의 유권자들은 그들의 성장기 대부분을 한국 사회의 물질적 토대 발전의 전성기에 보냄으로써 탈정치화와 보수화가 동시에 진행됐다고 진단할 수 있다. 따라서 앞으로 젊은 세대가 기성세대보다 더 진보적이라는 명제가 위험하다는 시기가 올 것인지가 주목된다.

이와 관련하여 송호근(2003)은 젊은 세대들이 탈물질주의(post-industrialism)적인 성향을 내비치는 것이라고 주장한다. 한국과 대만은 탈물질주의적 가치관에 가장 많이 그리고 가장 빠른 속도로 노출되는 예인데 개인의 인권, 자유, 문화, 삶의 질 등이 개인의 생존과 경제보다 더 중시된다.

이와 동시에 유권자의 나이가 많아짐에 따라 보수화되는 경향(life cycle effect)의 일단도 드러난다. 이준한·임경훈(2005)의 연구에 따르면, 35~39세의 젊은 386세대는 열린우리당을 한나라당과 큰 격차로 지지하나, 40~44세에 들어선 나이 든 386세대는 작은 격차로 각각 지지했다. 젊은 386세대의 열린우리당과 민주노동당에 대한 지지가 한나라당에 대한 지지보다 더 많지만, 점차 나이 든 386세대에 이르면 그 격차가 조금이나마 줄어들고 있음을 보여준다. 2004년 선거에서 나타난 젊은 세대의 보수화와 라이프사이클 효과가 한국 유권자의 연령별 이념적 분포를 어떻게 바꾸는가가 관건이다.

이러한 이념성향에 대한 측정은 여러 가지 방법으로 이루어졌다. 유권자 스스로 생각하는 주관적 이념성향에 대한 평가를 실시하거나, '변화와 안정' 중 어느 것을 중시하는지, 또는 일정규모의 예산을 가정할 때 '복지비와 국방비' 지출 중 어느 쪽을 더 중시해야 하는지 등을 묻기도 했다(강원택, 2003, 35쪽). 또한 이슈를 정치적 차원, 사회적 차원, 경제적 차원으로 나누어 측정하기도 했는데 주로 정치적 차원에서는 외교안보, 보안법, 대북지원, 사회적 차원에서는 환경, 교육정책, 여성정책 등 사회적 약자정책, 경제적 차원에서는 재벌개혁문제, 소액주주와 집단 소송제, 복지정책 등에 대한 태도를 측정했다. 특히 우리나라 유권자의 이념 연구에서는 '대북문제'나 '안보문제' 등이 주요 이슈로 사용됐다.

V

연구모형 및 연구문제

1. 연구의 모형

이 연구는 이상의 이론적 논의들을 토대로 우리나라 유권자의 정당 관계성 평가차원이 어떤 내용과 하위차원으로 구성되어 있는가를 도출한 이후, 이들 하위차원이 실제 유권자의 관계성 평가에서 어떤 방식으로 나타나는지를 밝히고자 한다.

정당과 유권자의 관계성 평가차원은 조직-공중 관계성에 관한 선행연구에서 타당성이 입증된 후앙(1997, 2001a, 2001b)의 '상호통제성', '신뢰성', '만족감', '헌신성' 등 4가지 차원으로 결정했다. 선행연구를 검토한 결과, 이들 4가지 관계성 평가차원이 조직-공중 관계성을 파악하는 안정적 기준이 될 수 있을 것으로 판단했다.

제품을 중심에 두고 소비자와 관계를 맺는 기업과 달리 소속 인물의 중요성이 큰 비중을 차지하는 정당-유권자관계에서는 대인적인 관계 설정 방식이 혼재되어 나타날 가능성이 크다. 이 같은 정당의 조직 자체적 특성과 정, 체면, 연줄의 메커니즘이 광범위하게 작용하는 집단주의적 관계문화는 이들 4가지 각각의 관계성 평가차원에 영향을 미쳐 새로운 구성차원을 형성할 수도 있다. 즉, 정당 조직의 특성, 사회문화적 특성 같은 구조적 측면의 요소들은 유권자의 정당 관계성을 판단하는 하나의 인식 틀을 형성하는 데 영향을 미칠 것으로 보인다.

핵심 공중인 유권자의 정당 관계성 평가는 유권자의 개인적 특성에 의해서 서로 다른 평가결과를 가져올 수 있다. 즉, 정치학의 유권자 행태연구들이 밝혀온 대로 사회문화적 지위를 결정하는 연령, 교육수준, 소득수준 그리고 정당에 대한 태도변수인 이념성향, 정당관심도 등 정당과 관련된 직접적 변수와 한국의 관계문화적 특성에서 기인한 유권자의 문화적 지향성 즉, 집단주의적 성향과 정당에 대해서 느끼는 정적유대감은 정당 관계성 평가에 영향을 줄 수 있는 중요한 변수가 될 수 있을 것으로 보았다.

　따라서 우리나라 정당과 유권자의 관계성을 평가하는 하위차원을 밝히기 위해 아래 <그림 5>와 같은 연구모형을 설정했다

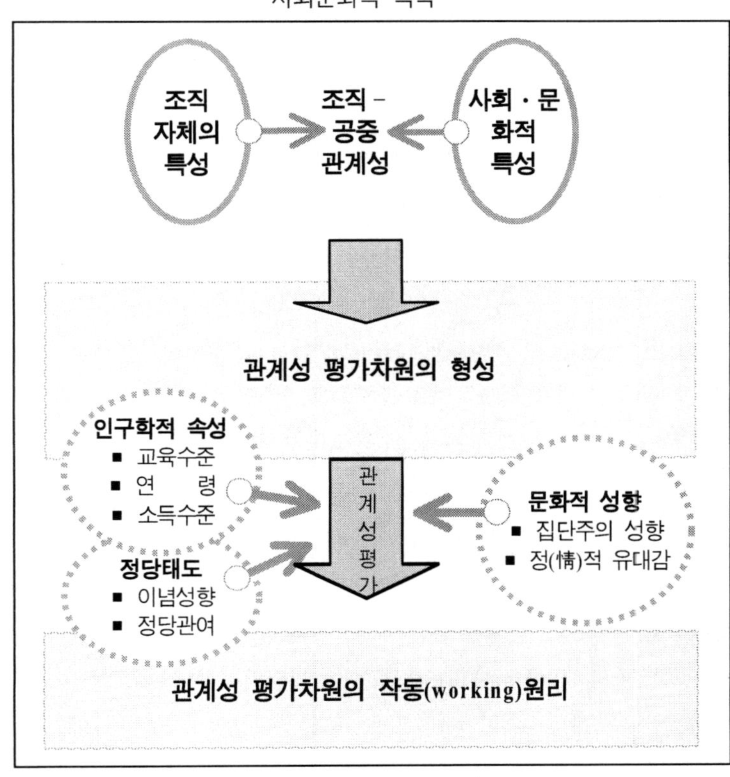

<그림 5> 연구의 모형

2. 연구문제

관계성에 대한 선행연구는 조직과 공중이 어떤 관계에 있는가를 판단하기 위해서 관계성 차원을 밝히는 데 주목했다. 그 결과 '상호 통제성'을 비롯하여 '신뢰성', '만족감', '헌신성' 등이 일반적인 조직과 공중 관계성을 구성하는 하위 개념으로 규명되어 왔다(Grunig & Huang, 2000, Huang, 2001a, 2001b). 이들 차원은 주로 합리성에 기초한 개인주의적 가치 지향성을 담고 있는데, '상호통제성'은 의사결정 과정의 절차적 합리성을, '신뢰성'은 사회적 계약에 근거한 '신뢰'를, '만족감'과 '헌신성'은 정서적 차원을 포함하지만 실질적인 보상을 강조한다.

관계성에 관한 문헌연구 결과 방송사나 행정조직과 같은 비영리조직에 관계성 이론을 적용하고 있지만, 직접적으로 정당과 유권자 관계에 이 이론을 적용한 연구는 아직까지 발견되지 않았다. 그동안 밝혀진 관계성 차원들은 주로 제품(서비스)을 중심에 두고 소비자와 비인격화된(impersonalized) 관계를 형성하는 기업조직에 초점을 맞춘 결과이기 때문에 일반적인 조직과 달리 정책, 정견, 소속 인물의 비중이 크게 작용하는 정당 관계성을 정확히 설명하는 데는 일정한 한계가 있을 수 있다.

특히 정, 체면, 연줄의 대인관계문화가 조직관계에도 영향을 미치는 문화적 특성과 출신지역을 기반으로 선호정당과 지지정당이 확연히 갈리는 지역주의 정당구도를 보이고 있는 점을 고려해 볼 때, 우리나라에서 정당과 유권자 관계성을 개인주의적 지향과 합리성에 근거한 기존의 관계성 하위 개념으로 충분히 설명 가능한가에 의문이 제기된다.

따라서 본 연구는 PR 커뮤니케이션의 관점에서 한국의 정당과 유권자 관계성을 구성하는 하위 개념을 밝히고자 다음과 같은 세 가지 연구문제를 설정했다.

<연구문제 1> 유권자의 정당 관계성은 어떤 하위차원으로 구성되어 있는가?

<연구문제 2> 유권자의 정당 관계성 평가에 영향을 미치는 요인은 무엇인가?

<연구문제 3> 유권자는 정당 관계성 차원을 어떤 방식으로 표출하는가?

VI

연구방법 및 자료의 분석

1. 조사방법 및 절차

이 연구는 2단계의 자료수집 과정을 거쳤다. 먼저, 우리나라 정당 PR에서 유권자의 정당 관계성 평가요소를 도출할 목적으로 유권자 FGI(focus group interview)와 열린우리당, 한나라당, 민주당 등 3개 정당의 홍보실무자와 심층인터뷰(in-depth interview)를 실시했다.

FGI는 1920년 처음 시장조사에 도입된 이후 1940년대에는 사회과학조사에 활용됐고, 1980년대 이후 사회, 문화, 정책 연구 등 다양한 연구영역에서 활용되고 있다. 초기에는 양적 연구의 보완적 수단으로 활용되었지만, 최근에는 독립적인 질적 연구방법의 하나로 자리 잡았다. 특히 개인의 태도와 가치 접근에 유용성을 갖는 방법론적 틀인 FGI는 사회문화적 지식과 의미가 생성되는 방식을 연구할 때 중요하게 이용될 수 있는데, 개인 단위 연구에 주목하는 일대일 면접과 달리 그룹 내에서 이루어지는 상호작용을 관찰함으로써 의미생성 과정을 밝힐 수 있기 때문이다(Byrne, 2004).

이 연구처럼 정당-유권자 관계성 평가차원에 대해 서구와 다른 우리나라의 문화적 인식차이를 도출하는 데 있어서 유권자들의 그룹 역학은 통찰력 있는 자료를 제공할 수 있다. 또한 선행연구자들은 조직-공중관계가 객관적인 질(quality)이라기보다는 주관적 경험이며, 관계성이 상호 작용하는 행위자들의 인식과 가치의 외부에 존재하지 않음을 강조했다(Duck, 1973; Huang, 1998).

유권자가 생각하는 정당관계 형성요인은 무엇이고, 서구적 관계성 평가요소에 대한 유권자의 인식은 무엇인가? 이를 위해 조직－공중 관계성 평가차원으로 검증되어 온 '상호통제성', '신뢰성', '만족감', '헌신성'이 유권자와 정당의 관계에서 어떤 내용과 하위차원으로 구성되어 있는지를 밝히고자 한다.

정당과 유권자의 관계성에 대한 인식을 도출하기 위해 유권자 대상 포커스 그룹 인터뷰와 정당 홍보실무자 심층인터뷰를 실시했다. 인터뷰 결과는 사전조사 차원의 진술문 개발과 결과를 해석하는 보완적 자료로 동시 활용했다.

다음 단계에서는 사전조사 결과를 바탕으로 24개의 정당관계성 진술문을 확보하고, 개발된 진술문에 근거하여 우리나라 3개 정당(열린우리당, 한나라당, 민주당)에 적합하도록 최종 수정하여 일반 유권자 대상 설문조사를 실시했다. 설문조사를 통해 밝혀진 정당 관계성 각 하위차원의 의미와 개념의 적절성은 홍보실무자 심층인터뷰(in－depth interview)와 유권자 인터뷰 등의 질적 자료를 통해 보완했다. 또한 앞서 문헌연구에서 논의한 유권자의 정당관련 태도, 관계 문화적 성향 등이 정당관계성 평가에 미치는 영향을 실증적으로 검증했다.

1단계	**<FGI 및 In-depth interview>** ○ 유권자 FGI: 정당 관계성 평가차원에 대한 인식도출 ○ 정당홍보실무자 심층인터뷰: 관계성 평가차원 인식도출 ○ 한국적 관계성 평가차원을 포함한 진술문 개발
2단계	**<유권자 대상 서베이>** ○ 일반 유권자 대상 서베이 실시 ○ 정당 관계성 선행요인 검증

〈그림 6〉 조사절차

1) 인터뷰

(1) 유권자 FGI

포커스그룹 인터뷰는 20~30대 유권자로 구성된 1개 집단과 40대로 구성된 1개 집단 총 2개 집단에서 실시했다. 20~30대 유권자를 대상으로 한 1차 포커스그룹 인터뷰는 광주광역시 소재 남구청소년 정신건강센터 상담실에서 2005년 9월 7일 20 : 00~22 : 00까지 두 시간에 걸쳐 이루어졌다.

40대를 대상으로 한두 번째 포커스그룹 인터뷰는 2005년 9월 11일 오후 2시부터 3시 30분에 걸쳐 이루어졌으며, 광주광역시 소재 남구보건소 효사랑 사업 팀 사무실에서 이뤄졌다. 두 차례에 걸친 인터뷰 전 과정은 녹음하여 보관했다.

포커스그룹 인터뷰는 응답의 신뢰성을 높이기 위해 상세한 절차도 (protocol)에 따라 이루어졌으며, 절차도에는 질문을 위한 개념의 정확한 설명과 추가질문(probing)의 방법도 함께 기술했다.

주로 우리나라 정당과의 관계에서 자신이 중요하게 생각하는 영향 요인이 무엇이며, 서구의 정당 관계성으로 언급되고 있는 상호통제성, 신뢰성, 만족감, 헌신성 등 4가지 차원에 대한 비교평가를 주문했다.

포커스그룹 인터뷰에 참여한 대상자는 모두 11명으로 1차에서는 20~30 연령의 유권자 6명이 참여했다. 2차에서는 주로 40대 층으로 5명이 참석했다. 모든 대상자가 대졸 이상의 고학력자였으며, 직업은 대학생에서 전문직에 이르기까지 다양했다. 지역적으로는 광주·전남 지역 거주자였다. 포커스그룹 인터뷰에 참여한 조사자의 특성은 다음 <표 6>과 같다.

〈표 6〉 유권자 포커스그룹 인터뷰 대상자

	성명(연령)	성별	직 업	학 력
집단 1	박○○(33)	남	임상심리사	대졸
	박○○(26)	여	대학생	대재
	양○○(32)	여	간호사	대졸
	한○○(32)	여	회사원	대졸
	강○○(27)	남	인턴사원	대졸
	김○○(29)	여	취업준비생	대졸
집단 2	김○○(40)	남	연구원(심리상담)	대졸
	송○○(43)	여	보건진료소장	대졸
	윤○○(46)	남	대학교수	대졸
	양○○(43)	남	연극배우	대졸
	양○○(43)	여	공무원	대졸

(2) 정당홍보실무자 심층인터뷰

본 조사에서 정당 관계성을 평가할 열린우리당, 한나라당, 민주당 등 우리나라 3개 정당의 홍보 담당 책임자급과 심층인터뷰를 실시했다.

한나라당 홍보 담당자와의 심층인터뷰는 2005년 9월 9일 오전 약 90분 동안 여의도 소재 국회의원회관에서 실시했으며, 민주당 담당자도 같은 날 오후에 마포구 소재 민주당 당사 사무실에서 인터뷰를 실시했다. 열린우리당 담당자 인터뷰는 2005년 9월 27일 오후 2시 30분부터 약 90분간에 걸쳐 영등포동 소재 열린우리당 당사 사무실에서 실시했다

우리나라 정당은 수명이 매우 짧고, 전문화된 홍보개념이 자리 잡은 지 그리 오래되지 않은 상황에서 경력 있는 정당홍보 담당자를 접촉하는 것이 용이하지는 않았다. 우리나라 정당홍보에 괘한 통찰과 유권자 관계인식에 대한 심층적 이야기를 끌어내기 위해서는 정당홍

보 경험이 중요하기 때문에 각 정당의 비교적 경력 있는 홍보책임자
급과 인터뷰를 시도했다. 인터뷰는 아래 <표 7>과 같다.

<표 7> 홍보실무자 심층인터뷰 대상자

성 명	소 속	경 력	비 고
A	한나라당	6년	전(前) 홍보국장
B	민주당	10년	사이버홍보팀장
C	열린우리당	7년	홍보미디어실장

2) 유권자 설문조사

인터뷰를 통해 도출한 정당의 홍보실무자와 유권자의 정당 관계성
평가차원에 대한 인식을 반영한 진술문을 개발하여 유권자를 대상으
로 설문조사를 실시했다. 이는 질적 접근을 통해 도출된 각 관계성
평가 하위차원에 대한 실증적인 의미를 파악하고 관계성 평가에 영
향을 미치는 선행요인들을 도출하기 위함이다.

본 조사에서는 지난 총선 이후 지역주의 탈피를 주창한 열린우리
당이 원내 다수당이 되면서 호남지역의 정당지지가 민주당과 열린우
리당으로 이분화되는 등 정당지지 지형의 변화가 나타나고 있어서,
지역민들과 정서적 유대감이 형성된 열린우리당, 한나라당, 민주당 3
개 정당의 관계성을 평가했다.

본 조사는 우리나라 유권자가 지역주의에 크게 좌우된다는 점을
고려하여 광주와 대구지역에서 조사를 실시했다. 대구지역의 경우
한나라당, 광주지역의 경우 민주당과 오랜 정당유대감이 형성되어 있
어서 이 연구의 또 다른 관심사인 출신지역, 정적유대감 등의 유권
자 특성 변인과 관계성 평가와의 관련성을 파악하는 데 필요하다고

판단했다.

따라서 이들 지역에 거주하는 만 19세 이상 성인남녀 각각 200명씩 총 400명(표본오차는 95% 신뢰수준에서 ±4.9)을 대상으르 유권자 인구비례를 고려하여, 연령, 성, 지역별 할당표집 방식을 취했다. 표본 할당은 아래 <표 8>와 같다.

〈표 8〉 표본 할당표

		20대 (26%)		30대 (25%)		40대 (23%)		50대 이상 (26%)		합 계
		남	여	남	여	남	여	남	여	
광주	남 구	9	9	9	9	8	8	9	9	70
	북 구	17	17	16	16	15	15	17	17	130
	소 계	26	26	25	25	23	23	26	26	200
대구	동 구	9	9	9	9	8	8	9	9	70
	수성구	17	17	16	16	15	15	17	17	130
	소 계	26	26	25	25	23	23	26	26	200

(1) 조사절차 및 대상자의 특성

자료수집은 광주와 대구지역 거주자 400명을 대상으로 2006년 2월 23일부터 2월 28일까지 6일간에 걸쳐 이루어졌다. 이 연구가 한국적 관계문화요소와 관계성 평가차원의 연관성에도 초점을 맞추고 있기 때문에 대구지역의 경우 한나라당에 대한 정당지지가 비교적 지속적이어서 '동구'와 '수성구'를 임의로 표집했으며, 정당지지가 '열린우리당'과 '민주당'으로 분화되어 있는 광주의 경우는 열린우리당 지지가 높은 북구와 민주당 지지가 높은 남구를 임의 표집했다.

본 조사의 대상이 유권자임을 감안하여 최근 정치관계법(선거법) 개정에 따라 19세 이상의 성인남녀를 포함하여 조사를 진행했으며,

조사원이 표본 할당 표에 의해 대상자를 선정하고, 직접 방문에 의한 자기기입식 설문조사를 진행했다.

연구의 최종분석에 사용된 400건의 응답을 사전 분석하여 성, 연령 등 인구학적 속성을 살펴보았는데, 다음의 <표 9>, <표 10>, <표 11>, <표 12>, <표 13>와 같다.

<표 9> 조사 대상자의 거주 지역

	빈 도	%
광주북구	130	32.5
광주남구	70	17.5
대구동구	70	17.5
대구수성구	130	32.5
	398	100

<표 10> 조사 대상자의 성별

	빈 도	%
남 자	200	50.0
여 자	200	50.0
	400	100

<표 11> 조사 대상자의 연령

	빈 도	%
20대	103	25.9
30대	98	24.7
40대	96	24.2
50대 이상	100	25.2
		100

* 만 19세는 20대에 포함하여 분석하였음.

조사 대상자들의 직업은 판매·서비스직이 23.5%로 가장 높은 비율을 차지했으며, 다음으로 대학생 15.8%, 무직 및 기타 17.3%, 사무직 14.8%, 전업주부 12.0%, 전문·관리직 9.5%와 생산직 7.3%로 한쪽에 편중되지 않은 고른 분포를 보였다. 응답자들의 학력은 57.3%가 대학 재학 이상으로 가장 많은 비중을 차지하고 있었으며, 고졸이 23.9%, 중졸 11.3%, 초졸 7.5%로 구성됐다.

<표 12> 조사 대상자의 직업

	빈 도	%
전문 관리직	38	9.5
사무직	59	14.3
판매서비스직	94	23.5
생산직	29	7.3
대학생	63	15.8
전업주부	48	12.0
무직 기타	69	17.3
	331	100

<표 13> 조사 대상자의 학력

	빈도	%
초졸	30	7.5
중졸	45	11.3
고졸	95	23.9
대학 이상	228	57.3
무응답	2	0.5
	400	100

2. 용어의 정의 및 측정

1) 정당 관계성 영향요인

(1) 인구학적 속성

인구학적 속성은 정치학의 유권자 행태연구에서 중요한 사회학적 변인으로 고려되어 왔다. 유권자의 사회학적 변수가 정당선택이나 후보자 선택에 미치는 영향은 오랫동안 유권자 행태연구의 주류를 형성하여 콜롬비아학파를 형성하기도 했다. 이들은 주로 출신지역, 연령, 소득수준, 교육수준 등 사회문화적 지위를 고려했다. 이들 인구학적 속성은 유권자의 정당 관계성 평가에도 영향을 미칠 수 있는 변수임을 고려하여 출신지역, 연령, 소득, 교육수준을 측정했다. 출신지역은 ① 광주 ② 대구 명목척도로, 연령은 ① 19~24, ② 25~29, ③ 30~34, ④ 35~39, ⑤ 40~44, ⑥ 45~49, ⑦ 50~54, ⑧ 55~59, ⑨ 60 이상의 서열척도로, 소득수준은 총 가구소득의 개념으로 ① 월 200만 원 미만, ② 월 201~300만 원, ③ 월 301~400만 원, ④ 월 401~500만 원, ⑤ 월 501만 원 이상, 교육수준은 ① 초등학교 졸업 이하, ② 중학교 졸업, ③ 고등학교 졸업, ④ 대학교 재학 중, ⑤ 대졸, ⑥ 대학원 이상으로 측정했다.

(2) 정당에 대한 태도

유권자 행태연구에서 사회학적 변수에 이어 관심을 모은 것이 유권자의 태도와 관련한 심리적 변수들이다. 이들은 미시건 학파에 의해서 연구되었는데, 이 연구에서는 유권자의 정당태도변수로 우리나라 유권자의 정당선택에 영향력이 증대되고 있는 이념성향과 정당선택에 주요 변인으로 밝혀진 정당관여를 정당 활동에 대한 관심으로 측정했다.

① 이념성향

이념성향은 주로 이슈에 대한 입장을 중심으로 진보적 성향과 보수적 성향으로 구분한다. 특히 우리나라에서는 대북문제와 안보문제가 유권자의 이념적 성향을 결정하는 주요 변수로 논의되어 왔다. 이런 점을 감안하여 4개의 진술문으로 진보적 성향과 보수적 성향을 5점 척도로 측정하여 보수 성향에 맞춰 합산 평균했다.

<표 14> 이념성향 측정항목

진보성향	북한에 대한 지원은 인도적 차원에서 계속 이루어져야 한다고 생각한다.
	정부는 세금을 더 거둬서라도 사회적 약자들에 대한 지원을 늘려야 한다.
보수성향	한반도의 안보문제와 관련해서는 우리와 의견이 다르더라도 우방인 미국의 의견을 따르는 것이 낫다.
	국가보안법의 폐지는 한국 사회에서는 아직 시기상조다.

② 정당관여

정당관여는 좁게는 유권자의 정당참여라는 행위적 차원에서 정의된다. 그러나 넓은 차원에서 정당관여는 행위적 차원뿐 아니라 정당에 대한 인지나 태도를 포함할 수 있다. 정당관여는 쉬운 관여와 어려운 관여로 나누어 개념화하기도 하는데, 정당에 대한 일반적 태도는 쉬운 관여에, 정당선호나 지지, 정당가입여부는 어려운 관여에 포함했다(안병만, 1992). 이 연구에서는 정당관여를 '유권자가 정당에 대하여 갖고 있는 일정한 관심과 태도'로 정의하고 인지적 차원의 낮은 관여인 정당관심을 측정했다. 정당관심은 '평소 우리나라 정당 활동에 얼마나 관심이 있는가?'를 5점 척도로 측정했다.

(3) 유권자의 문화적 속성

유권자의 문화적 속성 변수로 2가지를 정했다. 선행연구에서 우리나라 문화의 특성으로 집단주의 성향과 대인관계문화의 정, 체면, 연줄에 의한 유대감은 정당 관계성 평가에 영향을 미칠 수 있음을 검토했다.

① 집단주의적 성향

집단주의 성향은 호프스테드(Hofstede, 1984)의 정의에 따라 "집단의 이해를 개인의 이해에 우선하여 두는 정도"로, 개인주의 성향은 "개인이 가족과 집단에 대한 책임보다 개인적인 자유를 우선시하는 정도"로 정의했다. 이 연구에서는 집단주의적 성향은 호프스테드(Hofstede, 1984)와 김영욱(2004)의 연구에서 사용한 집단주의-개인주의 성향 척도를 참고하여 본 조사에 적합하게 재구성했다.

이 조사에서는 집단가치 우선성과 개인가치 우선성에 한국 공동체의 특성인 개인과 집단의 동일시 정도 등을 특정 선택 상황과 연결시켜 8개의 진술문을 5점 척도로 측정하여 보수적 성향에 맞춰 합산 평균값을 사용했다. 따라서 이 값이 클수록 보수적 성향이 강한 것으로 볼 수 있다.

〈표 15〉 집단주의 성향 측정항목

개인주의 성향	나는 내가 속한 조직(회사. 학교 등)이 어떤 행동을 요구하더라도 내 선택을 더 중요하게 생각하여 결정하는 편이다.
	국회의원이 국회에서 정장을 입어야 한다는 것은 사회적인 관행일 뿐 자신의 의지에 따라 자유롭게 선택할 수 있는 것이다.
	나는 인간은 독립적인 존재이기 때문에 최후의 결정은 혼자 힘으로 내릴 수밖에 없다고 생각한다.
	나는 내가 소속한 집단의 이해와 배치되는 주장이라고 하더라도 내 판단에 그 주장이 합당하다면 서슴없이 이야기하는 편이다.
집단주의 성향	나는 조직 전체의 의견이 모아지면 약간의 개인적 희생이 있더라도 조직 구성원의 한 사람으로써 마땅히 해야 할 도리라고 생각하여 그에 따르는 편이다.
	나는 인간은 태어날 때부터 사회 의존적 존재이기 때문에 늘 주변과의 관계를 고려하여 판단하고 결정을 내려야 한다고 생각한다.
	나는 내가 조금 힘들더라도 회사(소속집단)의 발전이 곧 나의 발전이라는 생각으로 회사에서 요구하는 일에 자발적으로 따르는 편이다.
	청소년 비행과 위화감을 완화하는 차원에서 학생들에게 교복을 입히자는 사회적 의견이 모아지면 이 사회 구성원으로서 응당 그에 따라 행동해야 한다고 본다.

② 정(情)적 유대감

정당에 대한 '정(情)적 유대감'은 김영룡(1995)의 정(情)에 대한 개념 정의를 적용하여 "정당에 대한 직간접적인 접촉과 공동의 경험을 통하여 무의식적으로 형성된 정신적 유대감"으로 정의했다.

정적유대감을 측정수준으로 조작화하기 위해서 이 연구에서는 '정당에 대한 심정적 거리'로 조작적 정의하고, 이를 10점 척도로 측정했다. 측정항목은 "귀하는 A 정당과 심정적으로 얼마나 가깝다고 느끼십니까? 가깝다고 느낄수록 0에, 멀다고 느낄수록 10을 기준으로 답해주십시오"이다. 우리나라 4개 정당에 대한 심정거리를 측정하여 이를 합산 평균한 값으로 정당에 대한 정적유대감을 측정했다.

2) 정당 관계성

이 연구의 종속변인인 정당 관계성은 관계성을 구성하는 주요 속성에 근거하여 공중 관계성을 정의한 후앙(1998)의 정의를 수용하여 "정당과 유권자가 서로 대등하다고 생각하는 정도, 서로를 신뢰하는 정도, 상호 호의적 감정의 정도, 정신적 물적 에너지를 투입하는 정도에 대한 유권자의 인식"으로 정의했다. 이는 관계성 구성차원인 '상호통제성', '신뢰성', '만족감', '헌신성' 등 4가지 차원에 대한 각각의 진술문을 개발하여 유권자의 평가를 통해 측정했다.[13]

3) 설문의 구성 및 주요내용

본 조사의 설문은 크게 4가지 항목으로 구성됐다. 유권자의 한국 문화적 영향과 관계성 평가 간의 관계를 알아보기 위해 집단주의 성향, 정적유대감은 비율척도로 측정했다. 또한 유권자의 정당태도변인과 관계성 평가의 영향관계를 밝히기 위하여 지지정당, 선호정당, 출신지역, 세대요인으로서의 연령, 교육수준, 소득수준을 포함했고, 관계성은 '상호통제성', '신뢰성', '만족감', '헌신성' 등 4가지 차원을 평가했다.

---

13) 이 연구에서는 상호통제성, 신뢰성, 만족감, 헌신성 등 4가지 공중 관계성 구성차원에 대한 한국적 하위차원을 밝히는 것이 연구의 주목적이므로 유권자 FGI와 홍보실무자 심층인터뷰에 근거하여 이들 4가지 구성요소의 한국적 차원을 연구결과에서 제시했다.

<표 16> 설문의 주요 항목 및 내용 구성

항 목	세부항목	주요내용	비 고
문화적 속성	집단주의 성향	집단주의적 성향	5점 등간 척도
	심정거리	특정 정당에 대해 느끼는 심정적 거리감의 정도	1~10점 구성, 가깝게 느낄수록 0, 멀게 느낄수록 10기준
정당태도	정당관심	정당에 대한 관심의 정도	5점 등간척도
	이념성향	안보 및 대북지원에 대한 태도	5점 등간척도
관계성 평가요소	상호통제성	의사결정의 합리성 지역적 차원의 연고성	5점 등간척도
	신뢰성	합리성에 기반을 둔 신뢰성 인간적 관계에 기초한 신뢰	5점 등간척도
	만족감	정책수행에 대한 만족 지역정서 대변에 대한 만족	5점 등간척도
	헌신성	나의 실질적 이익 관계에 의한 의무감	5점 등간척도
인구학적 속성	사회경제적 지위	성, 연령, 직업, 소득, 학력, 지역	명목 및 등간 척도

3. 자료의 분석

위에 제시한 절차와 내용을 통해 얻어진 400개의 자로에 대한 통계분석을 수행했다. 유권자의 인구학적 속성과 각 변인들에 대한 빈도분석, 교차분석, 평균 분석 등의 통계분석을 기본적으로 실시했다.

먼저, 이 연구에서 밝혀진 한국적 관계성 하위차원의 내용 구성타당도를 검증하기 위해 주성분요인분석(principal factor analysis)과 평가항목 간 신뢰도분석(reliability analysis)을 실시했다.

상호통제성, 신뢰성, 만족감, 헌신성 등 4가지 관계성 하위차원 평가 값 간 차이를 밝히고, 정적유대감 수준에 따른 각 평가 값의 평균차이의 유의미성을 밝히기 위해서 t-test를 실시하여 평균값 차이의 통계적 유의미성을 분석했다. 또한 <그림 5>에 제시한 연구모형에서 관계성 평가 예측변인으로 설정한 인구학적 속성, 정당태도, 문화적 속성변인들의 관계성 평가에 대한 영향력을 규명하기 위하여 다중회귀분석(multiple regression analysis)을 실시했다.

이상의 분석은 통계처리 프로그램인 SPSS 12.0 for windows를 이용했다.

VII

연구결과

1. 유권자의 정당 관계성 차원

1) '상호통제성'에 대한 인식

선행연구에서 '상호통제성'(control mutuality)은 조직과 공중 양측이 서로에게 영향력을 행사할 정당한 힘을 누가 지니고 있는지에 동의하는 정도(Hon & Grunig, 1999)로 정의했고, 조직의 의사결정 과정의 합리성과 상호 영향력의 대칭성(동등한 힘을 갖고 있다고 생각하는 정도) 등을 통해 그 정도를 측정했다. '상호통제성'은 조직이 다양한 이해관계 집단의 의견을 합리적으로 처리하여 투명한 의사결정이 이루어질 것이라는 공중의 조직에 대한 믿음을 전제하고 있다(Hon & Grunig, 1999, Huang 1997, 2001a, 2001b, Grunig & Huang, 2000).

특정조직과 관계를 맺고 있는 공중이 이러한 믿음을 형성한다면 합리적으로 일을 처리할 경우 자신의 의견도 충분히 조직의 의사결정에 반영할 것이라는 긍정적 기대감을 형성케 할 가능성이 높다. 따라서 공중은 조직과 자신이 동등한 영향력을 행사하고 있다는 생각을 갖게 되고, 이러한 인식은 공중과 긍정적이고 호혜적인 관계에 이르도록 한다.

우리나라 홍보실무자들도 서구의 논의에서 상호통제성의 내용으로 강조한 의사결정의 합리성과 절차적 투명성이 정당 관계성을 평가하는 주요한 차원이 되고 있다고 보았다. 유권자의 의식수준이 높아지

고, 인터넷 문화가 양산되고 있는 상황에서 절차적 투명성은 정당이
미지에 큰 영향을 미칠 수 있다고 인식했다.

> 요즘 유권자들은 의식수준이 높아져서요. 정당이 얼마나 투명하고
> 공개적으로 깨끗하게 일하는가를 점점 더 중요하게 생각해요. 그런
> 것 잘못했다 하면 인터넷에서 가만두지 않잖아요. 그것이 또 언론에
> 보도되어서 정당이미지에 큰 손상을 입히잖아요.

홍보실무자들과 달리 유권자들은 합리적 의사결정에 대한 정당성
이나 합리성을 확보하는 것보다는 정당에 영향력을 행사할 수 있는
활용할 만한 연줄을 얼마나 갖고 있느냐에 따라 상호통제성을 판단
할 가능성이 높다고 인식했다.

> 자기와 조금이라도 인연이 있는 사람이 되면, 그 줄로 해서 승진하
> 는 데 도움이 되겠다 하면 그 정당을 지지하기도 하죠. 제가 아는 분
> 은 ○○에 계시는데 국회의원 누가 되면 승진되니까 그쪽으로 찍으시
> 오 하고 부모에게 전화를 하더라고요. 그렇다고 보장되는 것은 아니
> 지만, 개인적인 인연을 통해서 자기에서 영향을 줄 수 있고 도움을
> 받을 수 있다고 생각하면 정당지지 관계도 그렇게 움직이는 것이지요.

유권자들의 이 같은 인식은 자신의 출신지역에 의해 특정 정당의
후보자에게 투표하는 지역주의와 밀접하게 연관되어 있었다. 한국의
정치 상황에서 '지역주의'는 우리나라 유권자의 심층 깊이 자리하고
있으면서 여타의 정치적 태도와 행위를 규제하는 요약적 심리정향
(psychological predisposition)이자(조중빈, 1992, 162쪽), 핵심적 추지
틀14)로 기능한다고 지적되어 왔다(이남영, 1999).

---

14) 정보처리 과정에서 지름길의 역할을 하여 정보처리 과정을 신속하게
　　해주는 장치로, 우리나라 유권자의 대부분은 후보자의 정당, 학벌, 출신

> 가장 안 바뀌는 것은 지역성이라고 봐요. 웬만한 이슈가 나오더라도 아무리 정말 대한민국이 뒤집힐 만한 일이 아니면 바뀌지 않아요. 영남사람 한나라당 찍게 되어 있고, 호남사람 민주당 찍게 되어 있고, 자기 지역을 대변하는 당 찍게 되어 있잖아요. 그런 지역주의 자체가 신뢰를 하는 거죠. 내가 살고 있는 지역과 나와 내 선친과 내 후손의 이익을 대변하는 정당이라고 생각하는 거예요. 그 안에 모든 게 다 농축되어 있다고 생각을 하니까.

동서양 간 통합 관계성 차원 개발을 시도한 후앙(Huang, 2001)은 동양사회는 다른 사람과의 관계를 통해서 존재하고 정의되며, 이들 관계는 서열에 의해 구조화된다고 주장했다. 그는 사회질서는 관계 내에서 각자가 부여받은 요구조건들을 수행함으로써 보장된다고 하는 중국 사회의 독특한 연대 개념인 'Gao Quanxi'(연줄동원, 개인적 관계 혹은 휴먼네트워크의 이용)에 주목했다. 중국 사회에서 연줄은 억압받는 계층이 권력과 연결되어 있다는 것을 내세워 실질적이고도 일상적인 삶의 문제를 해결하는 도구적 기능을 담당한다. 이는 대인관계를 통해 자신이 원하는 사회적 자원을 얻는 전략으로 통용된다 (Bond & Hwang, 1986).

동양문화의 관계지향 가치는 우리나라 정당과 유권자의 관계성 평가에도 영향을 미칠 것으로 예상되는데, 우리나라 선거에서 쟁점보다는 유권자들의 개인적인 친분관계나 후보자의 개인적 특성(출생지, 친인척관계, 교육, 나이 등)에 근거한 판단이 중요하다는 조기숙(2000)의 지적이 정당 관계성 평가에도 반영되고 있었다.

> 저는 한국문화에서 찾아야 한다고 봐요. 농경정착문화다 보니까 내가 이 그룹에서 잘 섞이지 않으면 퇴출당해야 한다. 길고 가늘게 살

지역, 정견 등 여러 정보 중에서 일부 요소만을 고려하는 선택행위를 하고 있음(이남영, 1999).

아야 하기 때문에 관계가 매우 중요해요. 서로 맺고 있는 관계의 인연을 무 자르듯 싹둑 자르지 못하니까요. 또 그것이 나한테 어떤 일이 생겼을 때도 고리에 고리를 물고 연결되어서 서로 도움을 주고 또 도움을 받으려는 성향으로 이어지고 있어요.

또한 유권자들은 의사결정의 합리성에 기초한 서구의 '상호통제성' 개념은 정당으로 통하는 개방된 구조를 갖고 있지 않은 현 정당체제에서 실현되기 어렵다는 회의적인 반응이었다. '상호통제성'이 정당 관계성 평가차원으로서 차지하는 비중에 대해서는 정당과 유권자 사이에 매우 중요한 장치로 인식했지만, 정당이나 정치인들에게 힘이 쏠려 있는 현 체제에서 유권자가 정당과 대칭적인 '상호통제성'을 갖기란 어렵다고 인식했다.

정당 자체에서 지역구를 대변한다면 지역구 주민의 요구가 있을 때 오픈시켜야 하는데 그걸 정당이 막고 있거든요. 정당이 개혁이 되어야 상호통제성이 있을 거구. 그게 신뢰보다 더 중요할 것 같아요. 그렇게 가기 위해서는 정당 자체가 개혁이 되어야 할 거라고 생각해요. 지역구 당을 오픈시켜서 지속적으로 유권자와 관계를 가질 수 있게 하는 방안이 이뤄져야 할 것 같아요. 회기 내에만 중앙에 있고, 지역구에 내려와서 지역정치를 해야 할 것 같아요. 상호통제성이 매우 중요한 개념인데 현재로선 유권자가 정당을 통제할 수 있는 수단이 거의 없기 때문에 ……

이에 반해 정당홍보실무자들은 정당과 유권자 간 힘의 대칭성(동등한 영향력을 지녔다고 생각하는 정도)이라는 측면에서 상호통제성을 본다면 "이미 그 통제권은 공중에게로 넘어갔다"며 유권자의 생각과는 대조적이었다. 이와 함께 상호통제성은 신뢰성, 만족감, 헌신성과 같은 다른 정당 관계성 평가차원과 비교해 볼 때 우리의 정당과 유권자의 관계에서 차지하는 비중은 상대적으로 낮다고 인식했다.

제가 보기에 정당은 이제 통제력이 없어요. 유권자가가 압도적인 힘을 갖고 있지요. 저희들 요즘 당직실 열어두고 있는데, 그곳에 있는 분들 국회의원이잖아요. 일반 유권자들이 굉장히 쉽게 전화해요. '당신 뭐 하러 거기 있어' '왜 그따위로 일해' 그런 반응이에요. 정당에 대한 두려움이나 이런 것은 갖고 있지 않아요. 또 요즘엔 개인이 갖고 있는 커뮤니케이션 수단(인터넷 같은)을 이용해서 정당과 관련한 모든 뉴스가 실시간으로 전달되지요. 아마도 그런 영향일 겁니다.

상호통제성에 의해서 정당을 지지하고 안 하고는 그렇게 직접적일 것 같지는 않아요. 민원의 경우 정당까지 오는 경우는 2차 3차 이후에 오거든요. 아름 아름의 관계를 통해서 이미 해결하고 그것도 안 되면 들어오죠. 크게 기대를 하고 오는 것 같지는 않아요. 균형에 의해서 지지를 하고 안 하고는 일반 유권자들은 크게 생각하지 않을 것 같아요. 그냥 저 사람이 좋다거나, 저 당이 좋다거나, 내가 아는 사람이 있다거나, 되면 이런 걸 하겠다는 기대에 대한 신뢰죠. 이런 것이 더 투표에 영향이 가지 상호통제성은 다른 관계성요소들에 비해 아래로 처지는 것 같다.

2) '신뢰성'에 대한 인식

조직－공중 관계성 평가차원으로서 '신뢰성'은 상대방에게 공명정대하고 솔직하게 자신을 드러내고자 하는 의지와 상대방에 대한 확신의 정도로 정의되고 있다(Huang, 2001a). 이러한 신뢰성의 바탕에는 조직이 사회적 계약에 기초한 일반적인 규칙(rule)을 지킬 것이라는 믿음이 전제되어 있다.

우리나라 유권자도 정당에 대한 신뢰성을 공약의 이행성이나 정책의 일관성으로 인식하여 서구의 신뢰성 개념과 유사한 인식을 보였다. 하지만 신뢰성은 이슈나 정책보다는 ‘나와 동일한 지역기반을 가졌느냐’, ‘정당의 대표인물이 누구이냐’와 같은 연고중심의 내용적 요소에 의해 좌우된다고 생각했다.

신뢰를 판단하는 가장 큰 것은 정책이죠. 정당이 그동안 걸어온 길 행보인데요. 어느 집단이든 보수와 개혁의 무리가 같이 공존하는데, 어떤 성향의 사람들이 실세로 있느냐에 따라서 정당의 성격이 결정되잖아요. 선거를 앞두고 그전까지 정당이 걸어온 행보가 우리 유권자들의 판단에 중요한 요소이며, 이것이 정당의 신뢰성과 연결된다고 봐요.

이슈 중심으로 이야기하는 서구적 관계성 이것은 기본으로 깔려 있는 거예요. 논할 가치가 없어요. 이거는 아침에 세수하고 밥 먹고 출근하는 것처럼 일상에 기본으로 깔려 있는 거예요. 현실적으로 신뢰성을 좌우하는 것 그건 지역, 인물 이런데 임팩트가 되어주는 것이 승부가 되죠.

또 우리나라 유권자들은 정당과의 관계에서 ‘신뢰성’을 규칙(rule)에 대한 믿음으로 정의하는 것에 대해서는 회의적인 반응을 보였으며, ‘신뢰성’에 대한 반대적 의미를 인간적 ‘배신감’으로 인식하여 정당에 대인적 감정을 투사하기도 했다. 이는 자신이 관계를 맺은 정당에 대해서는 자신에게 해(害)가 되는 행위를 하지는 않을 것이라는 인간적 확신을 전제한 것이었다.

신뢰성이 규칙(rule)에 대한 믿음이라고 한다면 우리나라에는 안 맞는 것 같아요. 나에게 이익을 주면서도 나와 지역의 정서에 도움이 되고 또 그 정당과 관계를 맺으면 꼭 그렇게 될 것이라는 믿음과 그걸 통한 안정감이거든요.

> 최근 열린우리당이 우리지역에 보여준 행태는 매우 실망스러워요. 인간관계로 하면 배신감이라고나 할까요. 그런데 그것이 그 사람들이 정책적인 것을 알려주거나 내가 일부로 찾아가서 실망스러운 것은 아니고 주변사람들의 영향을 많이 받는 것 같아요. 지역의 이익을 대변할 거라 믿었지만 주변의 모든 말들이 이쪽이 더 소외되고 있다는 말이 들리고, 주변의 말들이 모두 부정적으로 들리는 거예요. 그 사람들이 정치를 잘 아는 사람들인데, 그러다 보니 자연히 부정적으로 다가오는 것 같아요.

이러한 인식은 한국인의 인간관계에서 신뢰가 가족, 아주 가까운 관계, 함께 운명을 같이하는 '특수한 밀착관계'에서 서로 편하게 의지할 수 있는 마음의 연대와 일체감(최상진 외, 2003, 정하영, 2006)으로 나타난다고 하는 것과 같은 선상에 있었다. '그 친구 그럴 사람이 아니야'라는 통상적 표현에서 엿볼 수 있듯이 그 사람은 나를 위하는 마음이 있기 때문에 나에게 해(害)가 되는 행동을 하지 않을 것이라는 가족주의에 근거한 인간적 믿음이 작용한다. 우리나라 유권자들은 이처럼 통상적인 인간관계에서 작용하고 있는 결과적 신뢰성을 조직관계에도 투영한다.

정당홍보실무자들은 '신뢰성'을 우리나라 정당의 공중 관계성 평가차원으로 매우 중요하다고 인식했다. 정당지지율 같은 것이 신뢰성을 대표하는 하나의 지수가 될 수 있을 정도로 신뢰성은 정당과 유권자 관계를 판단하는 중요한 지표가 될 수 있을 것이라는 데 생각을 같이했다.

> 신뢰성 지표로 드러날 수 있는 게 지지율이라고 보거든요. 한나라당 너희가 그렇게 할 줄은 몰랐다 이랬을 때 신뢰가 떨어지죠. 대선 불법자금, 과거 구여권으로서 했던 잘못 등이 공개될 때마다 한나라당에 보여 왔던 신뢰가 30% 이상 하던 지지율이 10% 이상 떨어지는

것, 한나라당 후보자가 믿었는데 '아들이 군대도 안 갔다'그 하더라. 이럴 때마다 지지율이 떨어지는 거잖아요. 신뢰성 측면은 유권자들이 가지고 있는 가장 중요한 부분 중의 하나가 아닐까 생각해요.

또한 신뢰성을 비롯하여 정당과의 관계성을 결정하는 중심적 요소가 정책으로 연결되지 않는 것이 우리의 냉정한 현실이라고 이야기하기도 했다. 특히 정당이 유권자와의 역할 관계에서 마땅히 지켜야 할 약속을 이행했느냐에 의해 판단하기보다는 자신 혹은 자신과 밀접한 연관을 맺고 있는 '출신지역'과의 정서적 연관 속에서 우리의 믿음을 저버렸느냐 그렇지 않았느냐가 판단의 준거로 작용했다. 이러한 판단에는 한국적인 정의 문화, 가(家)중심의 집단주의 문화도 한몫을 하고 있었다.

공약이 중요한 게 아니고, 결국에는 얼마나 우리 지역정서를 잘 대변하느냐, 그리고 우리를 실망시키지 않느냐 하는 것으로 가는 것 같다. 앞으로는 어떻게 될지 모르지만, 현재까지로만 본다면 정당을 선택해야 하는 이유, 교과서에 나오는 이유에 따라 하는 게 아니라 그건 그냥 무조건 너는 싫고, 애는 되어야 하구 그렇게 되어 왔죠.

좀더 극단적으로 이야기하면 국회의원들 간에도 형, 형님, 내 패밀리 이런 것이 있거든요. 그만큼 가족적인 신뢰성이라든지 인간적인 정 이런 것이 중요하지 공약에 대해서 체크해서 넌 안 지켰으니까 아웃이야 이런 사람이 거의 없죠.

3) '만족감'에 대한 인식

조직－공중 관계성 평가차원으로서 '만족감'은 관계에 대한 긍정적인 기대의 강화 때문에 상대방에 대해서 호의적으로 느끼는 정도로 정의됐다(Hon & Grunig 1999). 만족감은 레딩함(Ledingham, 2003)이 지적했듯이 조직과 공중관계의 지속성을 결정하는 주요한 요건이 되기도 한다. 즉, 조직과 공중관계의 지속성은 그 기대가 충족되는 정도에 달려 있다.

서구의 조직−공중 관계성 연구에서도 '만족감'을 인지적 차원만이 아닌 정서적 감정적 차원을 포괄하는 개념으로 보고 있지만(Huang, 2001), 실제 만족감에 관한 서구적 인식의 근저에는 스태포드와 카나리가 지적한 사회 교환적 시각(Stafford & Canary, 1991), 즉 관계를 통해 얻을 수 있는 보상이 비용을 초과할 때 발생하는 것이라는 인식이 자리하고 있다. 다시 말하면, 소비자로서 내가 어떤 상품을 구입하거나 유권자로서 내가 어떤 정당에게 지지행위를 했을 때, 그 제품에 대한 기대 혹은 그 정당에 대한 기대가 이익(interest)으로 현실화되었을 때 나타나는 '실리적 만족감'이었다.

이에 반해, 우리는 행위에 의한 보상이 따르지 않더라도 정서적 공감대가 이루어지는 수준에서도 '만족감'을 표현하는 경우가 흔하다. 비록 자신에게 직접적 이익을 주지는 않지만 너와 내가 같은 마음이(통상적으로 '네 심정은 충분히 이해한다')라는 정서적 공감대의 형성만으로도 충족감을 나타낼 가능성이 높다. 이는 한국적인 대인관계에서 나타나는 '정'의 상황과 유사성이 큰데, 정(情)의 관계에서는 상대방으로부터 호의가 돌아올 것이라는 기대감이 있고, 이때 기대감은 물질적 보상이 아닌 심리적 보상이다(김주희, 1992). 그래서 정의관계가 깊다고 생각할수록 섭섭함의 강도도 그만큼 강하다.

우리나라 정당홍보실무자들은 유권자들의 '만족감'에 대한 인식의 내용 속에 이런 부분이 잘 반영되어 있다고 보았다.

개인으로 따지면 민원에서도 보면 이런 게 있어요. 정당에 민원을 요구할 때 여러 가지 성격이 있거든요. 내가 이걸 요구해서 들어줄 거라는 확신으로 요구하는 경우도 있고, 들어만 줘도 속이라도 후련 한 그런 민원이 있어요. 우리나라 유권자들이 정당에 대해서 생각하 는 만족감은 후자 쪽에 가깝다고 봐요.

만족이라는 거요. 유권자들이 내 지역이익에 도움 이렇게 이야기하 죠. 말은 그렇게 하죠. 그런데 그 의미 속에는 복합적인 것이 작용해 요. 공약이나 정책이 중요한 게 아니고, 결국에는 얼마나 우리 지역정 서를 잘 대변했느냐, 그리고 우리를 실망시키지 않았느냐 하는 것으 로 가는 것 같아요.

만족감에 대해서는 다양한 반응을 보였다. 특히 특정 정당과의 관 계에 대해 유권자가 갖고 있는 기대수준과 밀접하게 연결되어 있었 다. 정당이 내세운 정책을 중시하는 응답자는 그 정책의 실현여부에 따라 만족감을 평가했고, 특정 정당에게 자신의 마음을 전이한 유권 자는 그 마음을 이해해 줄 때 정서적 충족감을 보였다.

내가 어떤 시각으로 관계를 맺느냐에 따라서 달라지죠. 그런데 주 변을 보면 삶의 편의성(나에게 얼마나 도움이 되느냐)에 따라서 결국 은 선택하고, 만족감도 그것으로 연결되는 것 같아요.

또한 만족감을 출신지역에 근거한 연고적 유대감과 밀접하게 연관 시키고 있었다. 특히 '출신지역에 대한 애착'은 앞서 살펴본 '상호통 제성', '신뢰성', '만족감', 그리고 다음에 살펴볼 '헌신성'을 형성하 는 데 있어서도 매우 중요한 내용적 요소로 작용하고 있었다. 즉, 출 신지역이라는 연고에 의해 형성된 상호 간의 인연이 특정 정당에 대 한 밀착된 신뢰를 형성하고, 그 신뢰가 정서적 충족감으로 연결되는 순환적인 모습들을 드러냈다.

저는 김대중 씨만 보면 눈물이 나요. 저에게 이익을 주거나 그런 것도 없어요. 굉장히 탄압을 받으면서도 정당생활을 했어요. 처음에는 우습게 봤는데, 사실은 생활과의 관계를 중시 여기는데, 내 삶을 변화하게 하는 사람이 누구였나를 보면서 김대중을 다시 보게 됐고, 광적인 팬이 되었지요. 그래서 그 사람과 관계된 것이면 뭐라도 만족스럽고 좋은 거죠.

지역주의 자체가 신뢰를 하는 거죠. 내가 살고 있는 지역과 나와 내 선친과 내 후손의 이익을 대변하는 정당이라고 생각하는 거예요. 그 안에 모든 게 다 농축되어 있다고 생각을 하니까. 신뢰성이나 만족감이라고 하는 것에 이슈가 점유하는 비중은 굉장히 적어요.

4) '헌신성'에 대한 인식

혼과 그루닉(Hon & Grunig, 1999)은 '헌신성'을 관계를 유지하고 촉진하는 데 에너지를 쏟을 만한 가치가 있다고 믿고 느끼는 정도로 개념화했다. 달리 말하면, 가치가 있다고 판단하는 대상에 대해 물리적, 심리적 에너지를 쏟는 일종의 투자(investment)인 셈이다.

선행연구에서 연구자들은 헌신성은 구성원들의 조직에 대한 일체감(동일시)의 정도로 정의했고, 조직에 대한 감정적 애착의 정도를 말하는 정서적 헌신(affective commitment), 조직을 떠남으로써 희생해야 하는 사회경제적 비용에 대한 인식을 의미하는 지속적 헌신(continuance commitment), 조직에 남아 있어야 한다는 의무감을 뜻하는 규범적 헌신(normative commitment)으로 구성했다(Allen & Myer, 1991). 후앙(Huang, 2001a)은 조직―공중 관계성에서 이들 세 가지 '헌신성'의 차원 중 지속적 헌신성(continuance commitment)과 정서적 헌신성(affective commitment)을 강조하고 있다.

정당과 유권자 관계를 연구한 권인석(2000)은 '헌신성'을 정당의 목표나 가치가 유권자의 그것과 유사하거나 정당에 대한 긍정적 태도가 누적되어 심리적으로 구조화된 상태라고 보았다. 정당에 관여하여 개인의 정치적, 사회적, 경제적 이익을 추구하는 데 드움이 된다고 믿기 때문에 관여하는 것은 정당과의 교환관계 때문에 유권자가 정당에 의존한다는 의미에서 '의존성'으로 이는 헌신성과 다른 것으로 구별했다. 서구적 관계성 평가차원으로서 '헌신성'은 권인석이 정당관계에서 개념화한 '의존성'에 가까웠다. 즉, 대상에 대한 투자의 관점에서 접근할 경우 특정조직과의 관계에 헌신하게 되면, 그것이 나에게 실질적 이익이 되어 돌아올 것이라는 기대가 작용한다는 측면에서 그렇다.

그러나 이와는 달리 우리나라 사람들은 실질적인 이해보다는 관계에 의한 도덕적 의무감이 '헌신성'을 강요하는 사례가 빈번하다. 예컨대, 포인트 혜택과 할인혜택으로 자신에게 실질적 이익이 돌아오는 카드를 선택하는 것이 서구적 합리성이라면, 카드를 사용하면 그 총액의 0.01%가 노인복지로 환원된다든가, 지역 살리기에 보탬이 된다는 도덕적 의무감을 통해 카드사용에 대한 충성도를 향상시키는 마케팅이 한국적 '헌신성'을 유도하는 하나의 방법으로 사용되기도 한다. 향토기업 살리기 캠페인이나 국가 경제위기 시의 '금 모으기 운동'과 같은 것도 역시나 도덕적 의무감을 자극하여 헌신성(commitment) 이끌어낸 대표적 사례들이다.

이러한 현상은 우리나라 유권자들의 정당관계에서도 드러나고 있었는데, 자신과 연관된 누구 혹은 내지역 등과 같은 향토개와 더 강하게 얽혀서 특정 정당의 관계에 투영하고 있었다.

자기와 조금이라도 관련된 정당의 사람이 되면 어떤 줄로 해서 승진하는 데 도움이 되겠다 하면 그런 쪽에 하는 것이고. 제가 아시는

분은 국회의원 누가 되면 승진되니까 그쪽으로 찍으시오 하면 부모님들은 다 그렇게 찍지요.

사실 선거철이 되면 서울에 있는 분들한테도 전화가 와요. 이번에 우리 고교 후배 누가 선거에 나오는데 그 사람 잘 좀 봐달라고요. 이것이 뭘 의미하겠어요. 우리 사회 뿌리 내려 있는 인연의 연결고리들로 사람의 마음을 옭아매는 것이지요.

우리나라 유권자들은 서구적 헌신성이 작동하는 메커니즘인 실질적인 이익이 보장될 때에도 의존적인 차원에서 특정 정당에 헌신하는 것으로 나타났다. 자신이 관계한 정당이 실질적 이익을 보장해 줄 때, 그 대가로 시간이나 금전적 에너지를 쏟는 행위로 이어지는 상호 교환적 관계가 형성되고 있었다. 그러나 지역적 연고나, 개인적 인연을 통해 마음의 부담감을 형성하는 규범에 의한 헌신성만큼 강력하다고 판단하지는 않았다.

개인관계보다 지역과의 관계로 보고 싶은데, 그 사람을 찍어 주었을 때 지역발전이라는 것, 예를 들면 '도로를 내 주겠다', 마을에 도로 내주는 것은 지역과의 관계잖아요. 이런 경우는 미국의 경우처럼 실질적 이익에 대한 헌신성이 작동하는 듯해요. 정치에 있어서도 그 사람을 찍어주는 것도 그런 메커니즘과 같아요. 여러분이 힘을 모아 줘야 따낼 수 있다 하면 해주거든요.

정당의 홍보실무자들은 '헌신성'이 지난 대선 이후 '노사모'(노무현을 사랑하는 사람들의 모임)의 활동이나 '박사모'(박근혜를 사랑하는 사람들의 모임) 같은 헌신적 그룹으로 형성되면서 향후 정당 관계성에서 중요한 역할을 담당할 수 있을 것으로 보았다.

유권자들에게 '헌신성'을 유발시키는 것이 굉장히 중요해요. 우리당에 헌신적으로 참여하고, 언제까지 하겠다고 1천 명이 넘게 단식하고 이런 것이 있었는데, 이런 부분에 충족을 시켜주지 못하면 유권자의 그 헌신성도 썰물처럼 쫙 빠져버리고 말지요. 그냥 지지자와 열성적 지지자이면서 당원인 사람하고 일반 당원이랑은 차원이 아주 달라요. 정당이 안정적인 기반을 형성하려면 이러한 자발적 참여 동기를 가진 자기 헌신적 지지자가 절대적으로 필요하죠.

5) 정당 관계성 차원: 요인분석 결과

이상과 같이 유권자와 홍보실무자의 인식에 기초하여 '상호통제성', '신뢰성', '만족감', '헌신성'을 구성하는 내용으로 관계성 평가 진술문을 개발했다. 이 진술문에 근거하여 열린우리당, 한나라당, 민주당 등 우리나라 3개 정당의 관계성을 평가하여 그 합산 평균값으로 4가지 평가차원의 하위차원이 어떻게 구성되는지를 밝히기 위해 요인분석(factor analysis)을 실시했다.

(1) 상호통제성: '합리적 통제성' 대 '연고적 통제성'

유권자 FGI 결과 '상호통제성'을 구성하는 정당-유권자 관계성의 주요내용은 자신의 지역을 중심으로 형성한 인간관계를 통해 정당의 의사결정 과정에 영향력을 미칠 수 있다고 인식하는 성향과 정당의 의사결정 과정상의 절차적 투명성이 얼마나 보장되어 있는지가 동시에 공존한다.

따라서 이들 두 가지 인식의 내용을 반영하여 6개의 상호통제성 측정문항을 구성했다. 이들 6개 항목의 신뢰도를 분석한 결과 Cronbach's

Alpha는 .831로 높은 신뢰수준을 유지했다. 열린우리당, 한나라당, 민주당 3개 정당을 대상으로 5점 척도로 '상호통제성' 값을 측정하여 합산 평균값을 사용했다.

'상호통제성'은 Kaiser의 정규화가 있는 베리맥스 회전에 의한 주성분요인분석 결과 모두 2개의 요인으로 구별됐다. 전체 변량의 76.012%가 2개의 요인에 의해서 설명된다. 요인 1은 절차적 투명성을 강조하는 항목들이 포함되어 <합리적 통제성>으로 명명했으며, 이 요인이 전체 변량의 41.805%를 설명했다. 요인 2는 대인적 관계를 이용하여 정당에 영향을 미치고자 하는 항목들로 <연고적 통제성>으로 명명했으며, 전체 변량의 34.207%를 설명했다(<표 17>참조).

〈표 17〉 '상호통제성'에 대한 요인분석 결과(회전된 인자 적재치)

'상호통제성'에 대한 평가항목	인자1: 합리적 통제성	인자2: 연고적 통제성	h^2
이 정당은 건전한 의견이라면 보통 사람의 제안이라도 잘 수용하는 편이다.	.881	.097	.786
이 정당 구성원들은 보통 사람들을 존중하는 편이다.	.864	.180	.779
이 정당은 내가 제기한 민원이 정당하기만 하면 나와 어떤 관계에 있는지를 떠나 세심하게 배려할 것 같다.	.804	.229	.698
이 정당은 나와 어떤 갈등적인 상황에 부딪히면 나와의 사회적 관계를 찾아 문제를 해결하려 할 것 같다.	.531	.529	.562
이 정당에서 해결해야 할 민원(고충처리)이 있을 경우, 내가 잘 아는 사람이 있어 부탁한다면 빠르게 진행할 수 있을 것 같다.	.213	.901	.856
내용의 정당성도 중요하지만 이 정당과 잘 통하는 사람에게 부탁하면 효과적으로 내 의사를 반영할 수 있을 것 같다.	.106	.931	.879
설명변량(explained variance)	**41.805**	**34.207**	

(2) 신뢰성: '절차적 신뢰성' 대 '결과적 신뢰성'

인터뷰 결과 우리나라 유권자들은 신뢰성을 자신의 출신지역을 중심으로 형성된 정당에 대한 애정 자체로서 신뢰하고, 그 반대급부로 지역적 이해를 충분히 헤아릴 것이라는 심정적 이해를 얻고 싶어 했다. 또한 정책 및 공약에 대해 믿을 만한 이행을 했는지 또는 정당이 특정한 이슈에 대해 일관된 노선을 갖고 있었는지 등을 중심으로 정당에 대한 신뢰성을 판단했다.

이상과 같이 절차적 투명성과 공정성에 대한 신뢰인가 인간적 믿음에 대한 신뢰인가로 대별되는 유권자들의 정당에 대한 관계성 인식을 반영하여 6개의 신뢰성 문항을 구성하고, 열린우리당, 한나라당, 민주당 3개 정당을 대상으로 5점 척도로 신뢰성을 측정하여 합산 평균값을 사용했다. 이들 신뢰성 측정항목의 Cronbach's Alpha는 .889로 매우 높은 구성타당도를 지니고 있었다.

한국적 차원의 '신뢰성'은 Kaiser의 정규화가 있는 베리맥스 회전에 의한 주성분요인분석 결과 모두 2개의 요인으로 구별됐다. 전체 변량의 77.212%가 2개의 요인에 의해서 설명됐다. 요인 1은 과정이나 절차보다는 결과적으로 지지유권자에 대한 변함없는 인간적 신뢰를 포함한 항목들로 "결과적 신뢰성"으로 명명했고, 전체 변량의 38.611%를 설명했다. 요인 2는 일의 처리과정과 원칙에 대한 신뢰 항목들이 포함되어 "절차적 신뢰성"으로 명명했으며 전체 변량의 38.601%를 설명했다(<표 18>참조).

<표 18> '신뢰성'에 대한 요인분석 결과(회전된 인자 적재치)

'신뢰성'에 대한 평가항목	인자1: 결과적 신뢰성	인자2: 절차적 신뢰성	h^2
이 정당은 지지유권자(소속지역, 계층 등)외 다양한 계층의 여론을 공개적이고 투명하게 수렴하는 편이다.	.335	.776	.715
이 정당은 최소한 조직 내에서는 나름대로 확립된 건전한 원칙에 따라 행동하는 것 같다.	.325	.808	.758
나는 이 정당이 어떤 상황에서든 합리적인 절차에 따라 공정하게 일을 처리할 것이라 믿는다.	.272	.861	,815
이 정당은 어떤 경우에라도 자신의 지지유권자(지역, 계층 등)를 대변하는 입장을 취하는 편이다.	.848	.299	.809
이 정당은 자신의 지지유권자들을 위해서는 다소 무리를 해서라도 그들에게 도움을 주는 방향을 선택하는 편이다.	.853	.272	.801
나는 이 정당이 자신을 지지했던 지역민들의 심정을 잘 헤아려 행동할 것이라 믿는다.	.760	.395	.734
설명변량(explained variance)	**38.611**	**38.601**	

(3) 만족감: '실리적 만족감' 대 '정서적 충족감'

혼과 그루닉(Hon & Grunig, 1999)은 만족감을 긍정적 기대의 강화 때문에 상대방에 대해서 호의적으로 느끼는 정도로 정의했다. FGI 결과 우리나라 유권자들은 자신의 지역에 이익이 얼마나 실현되었느냐, 혹은 정당이 얼마나 자신의 지지지역민들의 정서를 잘 헤아려 주느냐, 정책을 성실하게 이행했는가 등으로 만족감을 판단했다.

따라서 이 연구에서는 이들 포커스그룹 인터뷰에서 도출된 인식을 반영하여 6개 문항을 구성하여, 열린우리당, 한나라당, 민주당 3개 정당을 대상으로 5점 척도로 측정하여 합산 평균값을 분석에 이용했다. 만족감 측정항목들 간의 신뢰도분석 결과 Cronbach's Alpha는 0.839로 높은 신뢰수준을 유지했다.

‘만족감’에 대한 Kaiser의 정규화가 있는 베리맥스 회전에 의한 주성분요인분석 결과 2개의 요인이 구별되었으며, 이들 두 요인은 총 분산에서 71.379%의 설명력을 가졌다. 요인 1은 정당이 제시한 정책이나 정견이 나에게 실질적으로 도움이 되는가를 포함하는 항목으로 “실리적 만족감”으로 명명했다. “실리적 만족감”은 36.542%의 설명력을 가졌다. 요인 2는 지지유권자에 대한 심정적 만족을 의미하는 항목들로 “정서적 충족감”으로 명명했으며, 34.837%의 설명력을 가졌다(<표 19>참조).

〈표 19〉‘만족감’에 대한 요인분석 결과(회전된 인자 적재치)

‘만족감’에 대한 평가항목	인자1: 실리적 만족감	인자2: 정서적 충족감	h^2
이 정당은 일반 국민에게 약속한 정책공약을 비교적 잘 수행하는 편이다.	.819	.241	.730
나는 이 정당이 내놓은 정책이나 주장에 대체로 만족하는 편이다.	.806	.351	.773
이 정당은 종종 내게 도움이 되는 정책을 내놓을 때가 있다.(예를 들어 부동산, 육아, 세금, 교육정책 등등)	.824	.210	.723
이 정당은 직접적인 혜택이 아니라 하더라도 최소한 자신의 지지지역민의 심정은 잘 헤아려 주는 편이다.	.305	.825	.774
이 정당은 자신의 지지지역의 정치적 욕구와 이해를 비교적 잘 반영하여 행동하는 편이다.	.247	.862	.805
나와 아주 가까운 인간관계에 있는 사람들이 이 정당의 일에 관여하게 된다면 이 정당에 어느 정도 호감을 가질 것 같다.	.197	.664	.480
설명변량(explained variance)	**36.542**	**34.837**	

(4) 헌신성: ‘보상적 헌신성’ 대 ‘도덕적 헌신성’

혼과 그루닉(Hon & Grunig, 1999), 후앙(Huang, 1997, 2001a)은 헌신성을 관계를 유지하고 촉진하는 데 에너지를 쏟을 만한 가치가 있다고 믿고 느끼는 정도로 정의했다. 우리나라 정당 관계성에서 유권자들은 헌신성을 두 가지 차원으로 인식하고 있었는데, 실질적인 이익을 기대하면서 헌신하는 경우와 정당과 맺고 있는 정서적 유대감이나 관계망에 의한 의무감이 작용하여 헌신하는 경우로 대별되고 있었다.

이들 두 가지 인식을 포함하는 6개 문항을 구성했고, 열린우리당, 한나라당, 민주당 3개 정당을 대상으로 각각 5점 척도로 측정했다. 이들 각 문항의 신뢰도분석 결과 Cronbach's Alpha는 .866으로 매우 높게 나타났다.

한국적 차원의 '헌신성'에 대한 Kaiser의 정규화가 있는 베리맥스 회전에 의한 주성분요인분석 결과 2개 요인이 구별되었는데, 이들 두 요인이 전체 변량의 72.396%의 설명력을 가졌다. 요인 1은 정당의 합리적 절차와 정책실현으로 인한 헌신을 강조하는 내용으로 "보상적 헌신성"으로 명명했으며, 전체 변량의 45.847%를 설명했다. 요인 2는 인간관계에 의한 도덕적 의무감을 자극한 정당지지나 관심으로 "도덕적 헌신성"으로 명명했으며 26.550%의 설명변량을 가졌다 (<표 20> 참조>.

〈표 20〉 '헌신성'에 대한 요인분석 결과(회전된 인자 적재치)

'헌신성'에 대한 평가항목	인자1: 보상적 헌신성	인자2: 도덕적 헌신성	h^2
이 정당의 정책이 실현되기를 바라는 마음에서 나의 아이디어나 정보를 제공할 수 있을 것 같다.	.764	.232	.637
이 정당이 하는 일이 합리적이고 정당하다면 다른 사람들에게 이 정당의 지지를 호소할 수 있을 것 같다.	.856	.085	.741
이 정당이 하는 일이 나에게 직접적인 혜택으로 돌아온다면 이 정당의 자원봉사자로 활동할 수 있을 것 같다.	.697	.306	.579

'헌신성'에 대한 평가항목	인자1: 보상적 헌신성	인자2: 도덕적 헌신성	h^2
내 가족의 이해가 달려 있다면 다른 사람들에게 이 정당에 대한 지지를 호소할 수도 있을 것 같다.	.732	.481	.768
비록 나에게 돌아오는 직접적인 혜택이 있는 것은 아니지만 여러 사람들과의 인간관계를 생각해야 할 상황이라면 이 정당에 관심을 갖게 될 것 같다.	.518	.555	.576
나와 친한 사람이 권유하면 그 사람의 얼굴을 보아서라도 이 정당의 일에 관심을 갖게 될 것 같다.	.175	.948	.929
설명변량(explained variance)	**45.847**	**26.550**	

6) 정당 관계성 차원의 구성

　이상과 같이 '상호통제성', '신뢰성', '만족감', '헌신성' 등 각 평가요소에 대한 유권자와 정당홍보실무자의 인식내용을 토대로 요인분석을 실시한 결과 두 가지 차원하에서 움직였다.

　첫 번째 차원은 출신지역에 근거하여 자신이 맺고 있는 관계적 유대감과 소속지역(집단)의 이해에 초점을 맞춘다는 점에서 '연고적 차원'으로 볼 수 있고, 두 번째 차원은 정책을 중심에 두고 정당의 의사결정 과정의 합리성과 개인에게 실질적으로 돌아오는 보상에 초점을 맞추고 있다는 점에서 '합리적 차원'으로 볼 수 있다.

　먼저 연고적 차원에서 각 평가요소의 주요내용을 살펴보면, '상호통제성'은 정당과 유권자 관계 이외의 연고에 의해 맺어진 제3자 개입을 통해 의사결정 과정에 영향을 미칠 수 있다는 인식에 초점을 맞췄으며, 그런 의미에서 '연고적 통제성'으로 명명할 수 있다.

　'신뢰성'은 가족과 같은 친밀한 관계에서처럼 한번 믿음을 준 정당이 나를 배신하지 않을 것임을 강조한 '결과적 신뢰성'으로 기능하고 있는데, 이는 출신지역과 같은 연고에 기초하고 있다.

'만족감' 역시 친밀하고 밀착된 인간관계에서 보이는 심정적 위안 혹은 정서적 공감대를 얼마나 정당이 충족시켜 주느냐고 하는 정서적 차원에 대한 비중이 컸으며, 이는 '정(情)'을 준 대상으로서 정당에게 대인적 감정을 투사하여 심정적인 이해를 얻고자 하는 유권자의 심리적 태도라는 점에서 '정서적 충족감'으로 볼 수 있다.

정당과 유권자 관계에서 '헌신성'은 유권자의 출신지역, 관계적 네트워크가 여러 인연의 고리에 의해 형성되어 유권자의 정당지지에 대한 의무감을 자극하는 '도덕적 헌신성'으로 나타났다.

두 번째 합리적 차원에서는 공통적으로 개인의 이해타산과 절차적 투명성을 강조하고 있다. 합리적 차원에서 '상호통제성'은 정당과 유권자 간 의사결정 과정의 투명성과 관계의 균형성을 강조했는데, 특히 정당의사결정의 절차적인 투명성과 개방성을 강조한다는 점에서 '합리적 통제성'으로 볼 수 있다.

합리적 차원에서 '신뢰성'은 상호 모르는 타인 관계에서 규칙(rule)을 지킬 것이라는 기대에 근거한 서구적 신뢰 개념이 투영된 것으로 정당이 제시한 정책과 그에 대한 절차의 합리성에 내용의 초점을 맞췄다. 이런 측면에서 '절차적 신뢰성'으로 명명할 수 있다. 우리나라 유권자들은 표면적으로 정책에 의해 '신뢰성'을 판단한다고 말하지만, 유권자의 심중을 깊이 들여다보면 최소한 내가 지지관계에서 보여준 믿음을 저버리지 않을 것이라는 확신이 저변에 작용하고 있다.

'만족감'은 정당의 정책실현이 나에게 얼마나 직접적인 이익을 주었는지가 크게 작용하고 있다. 정당이 제시한 정책수행의 결과로서 실질적으로 돌아오는 이익에 의해 만족을 평가한다는 점에서 '실리적 만족감'이라고 명명할 수 있다.

마지막으로 '헌신성'은 실질적인 이익의 지향을 위해 유권자가 정당에 의존하는 '보상적 헌신성'이라고 볼 수 있는데, 유권자가 정당에게 실질적으로 바라는 바가 있고 이것의 실현을 위해 자신의 시간 과 노력을 투자한다는 점에서 그렇다.

우리나라는 수직적인 집단주의 가치에서 수평적인 개인주의로 선 호가치가 이동하면서 문화적 가치가 빈번히 상충하고 있다(한규석· 신수진, 1999). 이상에서 살펴본 정당-유권자 관계성 평가 차원들도 '연고적 차원'과 '합리적 차원'이 서로 별개로 작용하기보다는 상호 중첩되어 상황에 따라 어떤 차원이 더 비중 있게 발현되기도 하고 그렇지 않기도 할 것으로 예상된다.

이상의 결과를 정리하면 우리나라 유권자의 정당 관계성 평가차원 은 <표 21>와 같다.

〈표 21〉 한국 유권자의 정당 관계성 차원

합리적 차원			연고적 차원	
정책(issue)중시 개인주의 지향		관계성 평가차원	출신지역과 관계적 유대감중시 집단주의 지향	
정당하게 처리하면 자신의 의견이 정당에 반영될 수 있음을 강조	**합리적 통제성**	상호 통제성	**연고적 통제성**	관계망을 이용하여 조직의 의사결정에 영향을 미칠 수 있음을 강조
사회적 계약에 기초하여 정해진 규칙(rule)을 지킬 것이라는 믿음	**절차적 신뢰성**	신뢰성	**결과적 신뢰성**	가족 같은 친밀한 관계에서처럼 나를 배신하지 않을 것이라는 인간적 믿음
정당의 정책이 실질적인 이익으로 실현되었을 때 느끼는 만족	**실리적 만족감**	만족감	**정서적 충족감**	물질적 보상이 따르지 않더라도 정서적 공감대가 형성되면 충족
실질적 이익 지향에 의한 정당 의존을 유도	**보상적 헌신성**	헌신성	**도덕적 헌신성**	관계의 네트워크에 의한 도덕적 의무감·정서적 유대감에 의한 헌신 유도

2. 유권자의 정당 관계성 평가 영향요인

1) 정당 관계성 하위차원에 대한 평가

(1) 합리적 차원과 연고적 차원의 평가 차

유권자 FGI와 심층인터뷰를 통해 우리나라 유권자들의 정당 관계성 평가기준은 합리적 차원과 연고적 차원 내에서 상호 복합적으로 작용하고 있음이 발견됐다. 그렇다면 정당 관계성 평가에서 우리나라 유권자들은 어느 차원에 더 비중을 두고 평가하는가?

정당 관계성은 열린우리당, 한나라당, 민주당 등 우리나라 3개 정당에 대한 관계성 평가결과를 합산 평균(5점 척도)한 값을 이용했다. 그 결과 개별 평가차원에 따라서 평가 값에 차이를 보였는데, '신뢰성'과 '만족감'에 대한 평가에서는 '연고적 차원'에 더 높은 비중을 둔 데 반해, '상호통제성'과 '헌신성'에 대해서는 '합리적 차원'에 더 높은 평가를 한 것으로 나타났다.

<표 22> 정당-유권자 각 관계성 하위차원 간 차이검증

	하위차원	평 균	t	df	p
상호통제성	**합리적 통제성**	**2.7571**	.813	380	.417
	연고적 통제성	2.7301			
신뢰성	절차적 신뢰성	2.5757	-8.217	399	.000
	결과적 신뢰성	**2.7667**			
만족감	실리적 만족감	2.4567	-12.094	399	.000
	정서적 충족감	**2.7569**			
헌신성	**보상적 헌신성**	**2.7848**	2.309	396	.042
	도덕적 헌신성	2.7305			

<표 22>에 제시한 바와 같이 신뢰성의 하위차원인 '절차적 신뢰성'은 2.57점, '결과적 신뢰성'은 2.76점으로 0.19점의 평균차이를, '실리적 만족감'은 2.45점, '정서적 충족감'은 2.75점으로 0.30점의 평균값 차이를 보였다. 이들 요소의 대응표본 t-test 결과 '절차적 신뢰성' 대 '결과적 신뢰성'((t=-8.217, df=399, p<.05), '실리적 만족감' 대 '정서적 충족감'((t=-12.094, df=399, p<.05)의 평균값 차이는 통계적으로 유의미한 것으로 밝혀졌다.

그러나 상호통제성의 하위차원인 '합리적 통제성'은 2.75점, '연고적 통제성'은 2.73점으로 이들 간 점수 차이는 0.02점, '헌신성'의 하위차원인 '보상적 헌신성'이 2.78점, '도덕적 헌신성'이 2.73점으로 0.05점을 '합리적 차원'에 더 높게 평가한 것으로 나타났다. '보상적 헌신성' 대 '도덕적 헌신성'((t=2.309, df=396, p=.042) 간의 평균차이는 통계적으로 유의미했지만, '합리적 통제성' 대 '연고적 통제성'(t=.813, df=380 p=.417) 간의 차이는 통계적으로 유의미하지 않았다.

전체적으로 '상호통제성'과 '헌신성'은 '합리적 차원'의 점수가 높게 평가됐고, '신뢰성'과 '만족감'은 '연고적 차원'의 점수가 더 높게 평가되어 우리나라 유권자들은 두 가지 하위차원을 동시에 복합적으로 사용하고 있음을 입증했다.

이 같은 결과는 우리나라 유권자들이 정당과의 관계를 평가할 때 정책과 공약, 절차적 합리성, 개인의 이해와 같은 합리적 요소뿐 아니라 정, 체면, 연줄의 사회적 관계, 자신이 속한 지역사회의 이해를 정당 관계성 평가에 복합적으로 사용하고 있음을 보여준다. 또한 '상호통제성'이나 '헌신성'과 같은 특정 평가차원에 있어서는 '연고적 차원'보다도 '합리적 차원'의 비중을 더 크게 두고 있으며, '신뢰성'과 '만족감'에 대해서는 연고적 내용에 더 큰 비중을 두어 평가하고 있다.

(2) 정적유대감의 영향

한국인의 관계에서 중요한 요소 중 하나인 정적유대감(친밀감)은 '심정적으로 얼마나 가깝게 느끼는지의 정도'로 측정했다. 열린우리당, 한나라당, 민주당 등 3개 정당 각각에 대한 유권자의 정적유대감을 측정하여 전체 평균값(3.79점 / 10점)을 중심으로 각 정당에 대한 정적유대감이 높은 집단과 낮은 집단으로 구분했다. 이를 토대로 각 정당과 형성한 정적유대감의 정도에 따라 '합리적 차원'과 '연고적 차원'의 관계성을 평가하는데 어떤 차이가 있는지를 밝히기 위해 t-검증을 실시했다.

먼저 열린우리당과 정적유대가 높은 집단과 낮은 집단의 연고적 차원에 대한 평가 값은 2.91점과 2.45점으로 0.46의 편차를 보인 데 비해, 합리적 차원에 대한 평가 값은 2.97점과 2.25점으로 0.72의 편차를 보인다. 열린우리당에 대한 정적유대감이 높은 집단과 낮은 집단 간에 합리적 차원의 편차가 연고적 차원에 대한 편차보다 상대적으로 크게 나타났으며, 이러한 차이는 통계적으로 유의미했다.

<표 23>에 제시된 바와 같이 '연고적 차원'과 '합리적 차원'의 평가 값 편차의 평균은 정적유대가 높은 집단에서 0.049점인 데 비해 정적유대가 낮은 집단에서는 0.182점으로 정적유대가 높은 집단 내에서 이들 두 차원 간 편차 값의 차이가 상대적으로 적게 나타났으며 그 차이 역시 통계적으로 유의미했다.

<표 23> 정적유대감에 따른 열린우리당 관계성 평가 t-검증

	정적유대감 높은 집단	정적유대감 낮은 집단	t	df	p
연고적 차원 평가	2.9722	2.4571	-8.452	383	.000
합리적 차원 평가	2.9163	2.2599	-11.015	391	.000
연고적 차원과 합리적 차원 간 편차	0.0491	0.1821	2.970	379	.003

<표 24>에 제시된 바와 같이 한나라당과 정적유대가 높은 집단과 낮은 집단의 '합리적 차원'에 대한 평가 값은 각각 3.01점과 2.03점으로 그 편차는 0.98점인 데 비해, '연고적 차원'에 대한 평가 값은 3.19점과 2.35점으로 0.84점의 편차를 보였다. 이들 두 집단 간 비교에서 '합리적 차원' 평가 값의 편차가 상대적으로 크게 나타났다.

또한 한나라당과 정적유대가 높은 집단 내에서 '연고적 차원'과 '합리적 차원' 간 평균점수 차이는 0.167점인 데 비해 한나라당과 정정유대가 낮은 집단 내에서 그 차이는 0.315점으로 더 크게 나타났으며, 이 차이는 t-검증 결과 통계적으로 의미 있는 것으로 밝혀졌다.

<표 24> 정적유대감에 따른 한나라당 관계성 평가 t-검증

	정적유대감 높은 집단	정적유대감 낮은 집단	t	df	p
연고적 차원 평가	3.1907	2.3549	-14.882	392	.000
합리적 차원 평가	3.0168	2.0329	-11.914	393	.000
연고적 차원과 합리적 차원 간 편차	0.1671	0.3154	3.459	389	.001

이 같은 결과는 민주당과 정적유대가 높은 집단과 낮은 집단 간 관계성 하위차원 평가에서도 일관되게 나타났다. <표 25>에서 보는 바와 같이 민주당과 정적유대가 높은 집단과 낮은 집단은 합리적 차원 평가에서 각각 2.84점과 2.25점으로 점수 편차는 0.59점인 데 비해, 연고적 차원의 평가는 각각 2.92점과 2.40점으로 그 편차는 0.52점이었다. 민주당에 대한 평가에서도 열린우리당, 한나라당에 대한 평가와 마찬가지로 합리적 차원에 대한 평가 값의 차이가 상대적으로 크게 나타났다.

민주당에 대한 정적유대가 높은 집단 내에서 연고적 차원과 합리적 차원의 평가 간 차이의 평균값은 0.076점인 데 비해, 낮은 집단 내에서 두 차원 간 평가 차이는 0.158점으로 이러한 차이는 t검증 결과 통계적으로 유의미했다.

<표 25> 정적유대감에 따른 민주당 관계성 평가 t-검증

	정적유대감 높은 집단	정적유대감 낮은 집단	t	df	p
연고적 차원 평가	2.9212	2.4078	-9.828	393	.000
합리적 차원 평가	2.8461	2.2500	-7.987	388	.000
연고적 차원과 합리적 차원 간 편차	0.0761	0.1583	2.115	386	.035

이상과 같이 3개 정당 모두 정적유대감이 높은 집단과 낮은 집단 간 평균차이 비교에서 '합리적 차원' 간 점수 차이가 '연고적 차원' 간 점수 차이보다 상대적으로 더 크고, 정적유대감이 높은 집단과 낮은 집단 내에서 각각 '연고적 차원'과 '합리적 차원' 평가 값의 편차가 상대적으로 '합리적 차원'에서 더 작게 나타나는 일관성이 발견된다. 이는 유권자들이 자신과 높은 정적유대가 형성된 정당에 대해서는 개인의 이해, 정당의 의사결정의 정당성, 절차적 합리성과 같은 비교적 엄격한 합리적 기준의 평가에서도 후하게 반응하는 데 비해, 유대가 형성되지 않은 정당에 대해서는 엄격하게 평가하는 경향성을 시사한다. 이러한 결과는 정당에 대한 '정적유대감'이 연고적 차원에 대한 평가보다는 합리적 차원에 더 큰 영향을 미치고 있음을 보여준다. 다시 말해, 정적유대감의 수준은 합리적 차원에 대한 평가에서 더 변별력 있는 변수가 될 가능성이 있다.

2) 유권자 개인 특성의 영향

(1) 집단주의 성향과 정적유대감의 영향

한국의 대인관계문화의 특수성은 정당 관계성 하위차원 평가에 어떤 영향을 미치는가? 회귀분석을 통해 한국인의 관계문화의 특수성인 정적유대감과 집단주의적 성향이 관계성 평가에 미치는 영향관계를 밝혔다. 회귀분석방법은 각 단계마다 종속변인과 상관계수가 가장 높은 독립변인부터 하나씩 추가되는 단계 추가법(stepwise)을 사용했다.

먼저 '합리적 차원'의 관계성 평가를 종속변수로 하여 '정적유대감'과 '집단주의 성향'의 회귀분석을 실시했다. 그 결과 정적유대감의 R값은 .392로 설명변량 R^2은 0.154로 15.4%의 설명하고 있으며, 집단주의 성향이 투입되어 R^2 값은 .173으로 전체 변량의 17.3%가 이들 두 변인에 의해 설명됐다.

정적유대감의 표준 회귀계수 베타 값은 .379로 '합리적 차원'의 관계성 평가에 0.379만큼의 정적인 영향력을 주고 있으며, 집단주의 성향은 베타 값 0.141로 정적인 영향력을 주고 있다. '정적유대감'은 '집단주의 성향'보다 '합리적 차원'의 관계성 평가에 더 큰 영향을 주는 것으로 나타났다.

<표 26> 합리적 차원 평가에 대한 문화적 속성의 회귀분석

설명변인	Beta	R	R^2	R^2의 변화
정적유대감	.379[***]	.392[***]	.154[***]	
집단주의 성향	.141[**]	.416[**]	.173[**]	.020[**]

* p<.05, ** p<.01, *** p<.001

다음은 '연고적 차원'의 관계성 평가 값을 종속변수로 하여 '정적

유대감'과 '집단주의 성향'의 회귀분석을 실시했다. 그 결과 '정적유대감'의 R값은 .337로 설명변량 R^2은 .114로 11.4%를 설명하고 있으며, '집단주의 성향'이 투입되어 R^2은 .135로 총 변량의 13.5%를 이들 두 변인이 설명한다.

'정적유대감'의 회귀계수 베타 값은 .325로 '합리적 차원'의 관계성 평가에 0.325만큼의 정적인 영향력을 주고 있으며, '집단주의 성향'은 베타 값 0.145로 관계성 평가에 그만큼의 정적 영향력을 주고 있다. '합리적 차원'의 관계성 평가와 마찬가지로 '정적유대감'은 '집단주의 성향'보다 '합리적 차원'의 관계성 평가에 더 큰 영향을 주는 것으로 나타났다. 이들 두 변인의 '연고적 차원' 평가에 대한 영향력은 통계적으로 유의미했다.

〈표 27〉 연고적 차원 평가에 대한 문화적 속성의 회귀분석

설명변인	Beta	R	R^2	R^2의 변화
정적유대감	.325[***]	.337[***]	.114[***]	
집단주의 성향	.145[**]	.367[**]	.135[**]	.021[**]

* p〈.05, ** p〈.01, *** p〈.001

'정적유대감'의 회귀계수 β값은 '합리적 차원' 평가에 .379로 '연고적 차원' 평가 .325보다 더 큰 영향력을 미치고 있는데, 이는 정당과 친밀한 정적유대감이 형성된 유권자들이 정책, 절차적 투명성과 합리성을 강조하는 '합리적 차원'의 정당 관계성 평가에 더 높은 점수를 주었을 가능성을 보여준다.

정적유대감이 높은 집단과 낮은 집단 간 평균값 차이검증 결과에서도 시사하듯 어떤 정당에 호의적 감정이 형성된 유권자들은 이성적으로 엄격한 기준에 의해서 잘잘못을 따지는 합리적인 기준에 대해서까지 관용적이지만, 호의적 감정이 형성되지 않은 유권자는 합리적 기준

에 대해서 보다 엄밀한 기준을 적용할 가능성 있음을 보여주는 결과다.

요약하면 정당에 대한 '정적유대감'과 '집단주의적 성향'은 '합리적 차원'과 '연고적 차원'의 관계성 평가에 영향력을 미치는 선행변수가 될 수 있으며, 이 중 정적유대감은 '합리적 차원'의 관계성 평가에 대한 설명력을 더 높여 주는 변수임이 밝혀졌다.

(2) 인구학적 속성과 정당태도의 영향

유권자의 '문화적 속성'과 더불어 정당 관계요인으로 파악된 유권자의 '인구학적 속성', '정당태도'는 정당 관계성 차원 평가에 어떤 영향을 미치는가? 앞의 연구모형에 제시한 바와 같이 인구학적 속성의 예측변인으로는 '연령', '교육수준', '소득수준' 등 3가지가 고려됐고, 정당태도는 '정당관심', '이념성향'이 고려됐다.

이들 5가지 예측변수가 각 차원별(합리적 차원, 연고적 차원) 정당 관계성 평가에 미치는 영향력을 분석하기 위해서 다중회귀분석(multiple regression)을 실시했으며, 각 단계마다 종속변인과 상관계수가 가장 높은 독립변인부터 하나씩 추가되는 단계 추가법(stepwise)을 사용했다.

그 결과 <표 28>에 제시된 바와 같이 '연고적 차원'과 '합리적 차원'의 정당 관계성 평가에 영향을 미치는 선행변인으로 인구학적 속성에서는 '연령', 정당태도에서는 '이념성향'이 유의미한 예측변인으로 나타났다.

〈표 28〉 합리적 차원 평가에 대한 개인적 특성의 회귀분석

설명변인	Beta	R	R^2	R^2의 변화
보수이념	.278***	.234***	.055***	
연　령	-.132*	.265*	.070*	.015*

* p〈.05, ** p〈.01, *** p〈.001

'합리적 차원'의 관계성 평가에 대한 회귀분석 결과 '보수이념', '연령'의 순으로 영향력을 미치고 있었다. 보수이념의 R값이 .234로 설명변량 R^2은 .055로 5.5%를 설명했으며, 연령이 투입되어 R^2은 0.70 이들 두 변수가 총 변량의 7%를 설명한 것으로 나타났다. 이들 두 변수 이외 정당관심(β=.058 p=.237), 소득(β=.033 p=.508), 학력(β=-.047 p=.421)은 유의확률이 낮아 진입이 제거됐다.

'보수이념'의 회귀계수 베타 값은 .278, '연령'은 -.132로 보수이념은 정적 영향력을 미치는 데 반해 연령은 부적인 영향력을 미쳤다. 결국, 정치적으로 보수적인 이념을 소유한 낮은 연령의 유권자가 합리적 관계성을 높게 평가할 가능성을 보여주었다.

<표 29> 연고적 차원 평가에 대한 개인적 특성의 회귀분석

설명변인	Beta	R	R^2	R^2의 변화
보수이념	.271***	.220***	.048***	
연 령	-.154**	.263**	.069**	.021**

* p < .05, ** p < .01, *** p < .001

'연고적 차원'의 관계성 평가에 대한 회귀분석에서는 '보수이념'의 R값이 .220으로 설명변량 R^2은 .048로 4.8%를 설명했으며, '연령' 변수가 투입되어 R^2 값이. 069로 약 7%가 이들 두 변수에 의해 설명된다. 이들 세 변수 이외 '정당관심'(β=.020, p=.678), '소득'(β=.056, p=.258), '학력'(β=.009, p=.875)은 회귀분석 결과 유의확률이 낮아 진입이 제거됐다.

'보수이념'의 회귀계수 베타 값은 .271, '연령'은 -.154로 나타나 '연고적 차원' 평가에 대한 영향력에서도 보수이념과는 정적 영향력이, 연령은 부적 영향력이 나타났다. 결국, 정치적으로 보수적인 이념을 소유한 유권자와 연령대가 낮은 유권자층에서 '연고적 차원'의 관계성 평가가 높다는 것을 발견했다.

하지만 개인적 특성변수로서 보수이념, 연령 등의 요소는 '합리적 차원'과 '연고적 차원'의 관계성에 대한 유의미한 영향력이 발견되기는 했지만, 이들 세 변수의 설명력이 두 차원 모두 10% 미만으로 미미하게 나타났다.

3. 유권자의 정당 관계성 활성화 방식

이상과 같이 우리나라 유권자는 정당 관계성 평가에서 합리적 차원과 연고적 차원을 복합적으로 사용하고 있으며, 정적유대감, 집단주의 성향, 유권자의 이념성향, 연령 등이 두 평가차원에 영향을 미치는 선행변수임이 밝혀졌다. 특히 관계성 평가에 변별력이 가장 큰 변수는 '정적유대감'으로 정당과 유권자가 형성하고 있는 정적유대감에 따라서 '합리적 차원'과 '연고적 차원'에 대한 평가에는 유의미한 차이를 보였다.

여기에서는 이들 두 복합 차원이 어떤 요소들에 의해, 어떤 상황에서 더 활성화되는지를 유권자 FGI와 홍보실무자의 심층인터뷰 결과를 통해 살펴본다.

1) 유권자의 정당 관계성 활성화 요소

(1) 연고적 차원 활성화 요소

① 출신지역정당애착

응답자의 대부분은 정당 관계성 활성화 요소로 '지역정당에 대한 애착'을 언급했다. 하지만 연령과 환경에 따라서 지역정당에 대한 애착을 형성하는 과정에는 차이가 있다.

정치적 경험이 비교적 짧은 20대 유권자들은 부모나 사회적 환경에 의해 학습된 지역정당에 대한 애착을, 30대 유권자들은 자신의 사회적 경험을 통한 자각에 의해 지역정당에 대한 애착이 강화된 것으로, 40대 유권자는 자신과의 이해타산을 통해 지역정당에 대한 애착을 형성했다. 연령에 관계없이 대부분의 응답자들은 지역정당에 대한 애착이 알게 모르게 무의식적으로 형성되어 있다고 논의했다.

이는 우리나라 유권자들에게 자신과 같은 출신지역 인물이 소속된 정당에 우호적인 일체감과 지지를 보여주는 지역주의가 폭넓게 작용한 결과로 보인다(조기숙, 2000).

○ 학습에 의한 출신지역정당애착

20대 유권자들은 부모로부터의 학습, 보이지 않는 사회적 압력 등 환경적 요소가 무의식중에 출신지역을 기반으로 한 지역정당애착으로 연결됐다.

> 저는 잘 모르니까 부모님께서 해주는 대로 하는 것 같아요. 저희는 주위의 압력이라고나 할까요. "부모님이 어떤 당의 누구다"라고 했을 때 가장 크게 영향을 받는 것 같아요. 잘 모르니까. 부모님께 여쭈어 보게 되는데, 부모님 말씀대로 움직이는 것 같아요.

○ 자각에 의한 출신지역정당애착의 강화

30대의 한 유권자는 20대 초반에는 세상 물정을 모든 상태에서 무조건적으로 특정한 정당으로 마음이 향했지만, 30대 이후 사회활동을 경험하면서 더욱 특정 정당과의 관계성이 강화될 수밖에 없는 지역적 정서를 이해하게 됐다고 말했다. 이러한 자각은 정당관계 형성에 크게 영향을 미치고 있었다.

> 우리 지역이 소외된 게 사실인데, 20대 초반에는 잘 몰랐어요. 근데 사회활동을 하면서 제가 속한 학회를 다니더라도 경기 부산 지역에 기회가 많다는 생각이 확 들어요. 그런 걸 보면 단순히 인구의 밀집이라는 것만으로 설명할 수 없는 것들이 많거든요. 이런 차별에 대한 자각이 더더욱 특정한 한 정당을 찾게 하는 것 같아요.

○ 합리성에 의한 출신지역정당애착

40대 유권자들은 내가 속한 지역사회의 이익을 추구하는 비교적 합리적인 입장에서 지역정당에 대한 애착을 이야기했다. 그러나 출신지역이라는 배경에 의해 학습된 지역정당에 대한 애착이 나이 들면서 점차 내 지역의 이익이라는 합리적 행위와 결부되어 특정 정당 지지행위로 연결되는 측면도 간과할 수는 없었다.

이는 지역주의가 단순히 전통적인 감정의 결과가 아니라 합리적 선택의 결과이며 지역주의 투표가 목적 지향적인 행위라고 주장하는 일부 합리적 선택이론가들의 주장의 근거가 될 수도 있을 것이다.

> 내가 항상 염두에 두는 것은 나에게 이익보다는 우리 지역에 이익이 되는가에 초점이 맞춰져 왔던 것 같아요. 지난 국회의원선거 때 민주당과 열린우리당이 있었는데 열린우리당 후보자를 한번 만나고 나서 그 사람이 개인적으로 너무너무 싫은 거야. 민주당에서 나온 사람은 너무나 맘에 드는 거라. 그런데 정작 내가 가서 투표를 하는데 누구를

찍었을까? 그때 우리 지역의 흐름 자체가 열린당으로 흐르고 있었고, 거기에 힘을 실어주어야 한다는 느낌이 확 강하게 사로잡은 거예요.

○ 무의식적인 출신지역정당애착

출신지역정당에 대한 애착은 유권자들의 정당관계 형성에 무의식적으로 녹아 있는 그래서 더더욱 강력한 요인으로 작용하고 있었다. 대부분의 응답자들은 우리나라에서 출신지역이 모든 것을 집약하는 것이란 인식을 공유하고 있었다. 이런 의미에서 출신지역정당에 대한 애착은 우리 사회에서 정당 관계성을 판별하는 핵심적 요소로 작용할 가능성이 크다.

저는 개인적으로 지역성을 띠지 않는 선명한 유권자라고 생각하는데, 선거 때에는 인물 보고 팸플릿 보고 해서 이사람 찍자해서 찍는데 결국 시간이 지나서 보면 내가 지지했던 후보들이 거의가 어느 한 정당으로 귀결되더라고요.

그러니까 당을 벗어날 수가 없는 것 같아요. "없다"고 "아니다"고는 하지만 마음속의 정당 내가 가진 그 걸로부터 자유롭지는 않아요. 전○○ 씨가 해남에 와서 강의를 했는데 김대중에 대한 열렬한 지지와 전라도에 대한 우호적인 발언들을 했어요. 그땐 정당소속이 아니었는데, 군청의 자치대학 강사로 왔었거든요. 아니 어느 날 갑자기 저쪽으로 가서 저렇게 한다니까. 완전히 마이너스가 되어 버리더라고요. 그니까 없다고는 하지만 그런 요소가 분명히 있는 것 같아요.

○ 출신지역애착 자극하는 홍보

우리나라 정당의 홍보실무자들은 유권자들보다 '출신지역정당에 대한 애착'을 더 강력한 유권자의 정당 관계성 활성화 요소로 인식했다. 실제 정당홍보활동에서 중심적인 구도로 사용되는 것이 출신지역에 기초한 정당애착임을 밝혔다. 심지어 지역성은 정당에 대한 신뢰, 만족 등을 모두 포함하는 것으로 인식했다. 이는 한국에서의 정당은 출신지역과 여야성향 등을 내포하는 복합적인 의미로 이해해야 한다는 김은경(2002)의 지적과 맥을 같이한다.

　　유권자들이 내 지역이익에 도움 이렇게 이야기하죠. 말은 그렇게 하죠. 그런데 그 의미 속에는 복합적인 것이 작용해요. 공약이 중요한 게 아니고, 결국에는 얼마나 우리 지역정서를 잘 대변하느냐, 그리고 우리를 실망시키지 않느냐 하는 것으로 가는 것이죠. 앞으로는 어떻게 될지 모르지만, 현재까지로만 본다면 정당을 선택해야 하는 이유, 그건 교과서에 나오는 이유에 따라 하는 게 아니라 그건 그냥 무조건 너는 싫구, 애는 되어야 하구 그렇게 되어 왔죠.

② 정당의 인물 호감도

다음으로 언급된 정당 관계성 활성화 요소는 정당을 구성하는 인물에 대한 선호다. 정당의 인물선호는 외형적인 인상과 정치적 인물로서의 품격을 포함하고 있었다. 특히 정당을 대표하는 대선후보가 누구고 어떤 사람인가에 대한 이야기가 중심을 이루었으며, 그 인물의 인상이나 이미지도 정당관계 형성에 영향을 미친다고 밝혔다.

인물은 우리나라 유권자 연구에서 투표행동에 영향을 끼치는 중요 요소 가운데 하나로 언급(김광수·김희진·탁진영, 2004)될 만큼 정당과 유권자 관계에서 차지하는 비중이 크다. 인물에 대한 선호도가 정당관계에서 중요하게 부각하는 이유는 우리나라 정당정치의 역사와도 밀접한 관련이 있다. 그동안 우리 정치 환경을 돌이켜 보면 정당의 대표는 대외적인 브랜드의 역할을 담당하면서 정당의 대유권자 관계 형성에 직접적 영향력을 행사해 왔다. 3김 정치로 대변되는 그동안의 우리 정당체제는 3사람의 정당 대표를 중심으로 그들의 출신지역에 의해서 유권자들을 결집시켜 왔다. 이러한 정치문화의 영향으로 지금도 정당의 인물은 유권자들과의 관계에서 빼놓을 수 없는 위치를 점하고 있다.

○ 인물의 외형적 이미지

20대와 30대 유권자는 인물의 외형적인 조건을 강조한 데 반면, 40대 유권자들은 인물의 됨됨이를 강조하는 경향이 드러났다.

> 여성의 경우만 그런지는 모르겠지만, 저는 인상을 보거든요. 이○○ 대선후보는 족제비 인상이어서 그것 때문에 김○○ 후보에게 많이 갔던 것 같아요.

> 저도 인상이 영향을 미친다는 것에 동의합니다. 3년 전 전남대에서 학생회장 선거가 있었는데 주로 운동권 진영의 후보가 학생회를 장악해 왔던 분위기에서 비운동권 진영의 후보가 잘생겼으니까 그 후보를 찍어야 한다고 했던 여학생들의 분위기가 많이 형성됐고, 그 결과 그 후보가 당선이 되었어요. 지성의 마당에서조차도 정책이나 이념이 아닌 외모를 보더라고요.

> 우리가 20%대를 넘은 게 정○○ 당의장이 된 이후에 그때 잠깐 그랬죠. 그전에는 한 번도 20%대를 넘지 못했어요. 당의장이 정○○이다. 머 괜찮네, 잘생겼네, 깔끔하네, 강하게 주장해도 저 사람 앵커 출신이니까 부드럽게 들리네, 박○○ 뭐 대통령 딸이고, 나름대로 열심히 하는 거 아니야, 당을 대표하는 인물 거기서 주로 활동하는 사람들의 이미지가 대중들의 호불호를 결정하는 베이스 아닌가 이렇게 생각되고요.

○ 출신지역정당애착도와의 상호작용

응답자들은 정당의 소속 인물을 중요하게 언급하지만, 인물에 대한 평가 이면에 작용하는 것은 출신지역정당에 대한 애착이다. 아무리 호감이 가는 인물이라 하더라도 자신과 지역적 애착이 형성된 정당에 소속되지 않은 인물에 대해서는 호감 그 이상을 넘어서지 못했다. 이는 인물이 정당 관계성을 활성화하는 요소이지만 출신지역정당애착과 상호 작용했을 때 상승효과가 나타날 수 있고, 그렇지 않을 경우는 일정한 한계가 있음을 보여주는 대목이다.

> 저는 개인적으로 추미애 씨를 참 좋아하는데요. 과연 그분이 다른 정당소속이었으면 내가 어떤 시각으로 봤을까 하는 생각도 가끔 해요. 조금은 편견을 가졌을 것 같아요. 그 사람 자체의 생각이나 의견들이 괜찮다고 하더라도.

○ 인물 중심의 홍보활동

홍보실무자들도 정당홍보에서 인물의 중요성을 강조했다. 최근 정당홍보에서 신경을 많이 쓰는 영역 중 하나가 정당을 대표하는 인물에 대한 PI(president identity)로, 당 대표를 비롯한 당 3역의 이미지 관리가 정당홍보의 중요한 영역임을 강조했다.

> 또 한 가지 PI라고 하는 게 있잖아요. 정당의 대표를 중심으로 한 홍보활동이 매우 중요하다는 점이 다르죠. 정당에서 열린우리당 노무현, 한나라 박근혜 대부분이 알잖아요. 그러나 기업은 2, 3위만 되어도 그 대표가 누구인지 잘 기억 못 해요. 그만큼 홍보국에 배치된 인원 못지않게 당 대표의 PI 영역이 차지하는 비중이 커서 당직자실에 많은 인력이 배치되어 있거든요. 당 3역이라 할 수 있는 대표, 원내대표, 정책위의장 이런 사람을 중심으로 해서 이뤄지는 중요한 PR 활동 영역이죠.

> 한국정치는 인물 중심이었잖아요. 정당 이름을 기억하기보다는 인

물을 기억하죠. 인물 중심으로 오다 보니까. 인물이 표방하고 있는 캐릭터와 그 인물이 대변하는 지역과 이런 것이 그 안에 녹아 있고, 그 이미지에 대한 신뢰성이 포함되어 있다고 봐요. 왠지 좋고, 각 정당의 대표를 통해서 한나라당은 박근혜 대표가 상품이잖아요. 그다음이 구성원들이죠. 그래서 항상 선거 때 누구를 내세우느냐 그걸 통해서 저 당을 신뢰하고, 만족도를 느끼고 그러는 거죠. 비례대표도 포함이 되는 거죠. 비례대표가 하나하나의 기획 상품이 되는 거죠. 정당명부식 투표도 그런 부분이 있고요.

③ 주변의 영향력

유권자 자신을 둘러싸고 있는 주변의 영향력 역시 정당의 공중관계성을 활성화하는 데 영향을 미치고 있다. 특히 주변의 영향력은 지역사회의 기대와 같은 동조압력에 대한 사회·환경적 요인과 자신과 신뢰를 형성하고 있는 주변 인물에 의한 대인적 영향력 등이 복합적으로 작용하고 있는 것으로 나타났다.

전자의 경우 출신지역정당에 대한 애착과 상호 작용하면서 더욱 강력한 영향력을 발휘했고, 주변의 대인적 영향력은 연령이 낮은 층에서는 대인적 영향력을 받는 입장에서, 연령대가 높은 응답자들은 다른 사람에게 대인적 영향력을 행사하는 주체적 입장에서 논의가 이뤄졌다.

o 사회적 동조압력의 작용

열린우리당은 매우 실망스럽다. 인간관계로 하면 배신감, 그런데 그것이 그 사람들이 정책적인 것을 알려주거나 내가 일부러 찾아가서 실망스러운 것은 아니고 주변사람들의 영향을 많이 받는 것 같아요. 지역의 이익을 대변할 거라 믿었지만 주변의 모든 말들이 이쪽이 더 소외되고 있다는 말이 들리고, 주변의 말들이 모두 부정적으로 들리는 거야. 그 사람들이 정치를 잘 아는 사람들인데, 그러다 보니 자연히 부정적으로 다가오는 것 같아.

엄마 아빠가 광주 분인데, 저는 태어나서 자란 곳이 부산이에요. 부산에서 살아남기 위해서 그랬는지 모르겠는데요. 김대중 이런 말 들어본 적 없어요. 뼈에 사무치게 5.18을 들어본 적이 없어요. 지금 돌이켜 보니까. 롯데를 응원하니 해태를 응원하니 아빠가 물어봤는데, 롯데요라고 했는데 그때 아빠가 서운했겠다 싶어요. 대학을 이곳에 와서 보니 워낙 주변에서 강하게 밀어붙이니까 그렇게 하지 않으면 죽일 것 같아요. 주변의 압력에 의해서 사실상 많이 결정에 영향을 받았어요.

○ 대인적 영향력의 작용

특정 지역을 중심으로 형성된 사회·환경적 동조압력과 주변사람의 영향이 상호 작용하여 특정 정당과의 관계에 상승적 영향을 미치는 사례도 관찰됐다. 이는 우리 유권자들이 정당관계를 판단할 때 복합적인 요소들의 영향을 받고 있으며, 그중에서 어떤 것은 더 중요하게 작용하고 어떤 것은 덜 작용하는 비중과 강도에 차이가 있음을 의미한다. 이러한 복합적 심정이 유권자의 포커스그룹 인터뷰 과정에서도 목격된다.

예를 들어 가장 가까운 대인적 요소인 부모의 영향은 지역사회적인 환경요소와 상호 작용하여 특정 정당에 대한 우호 / 비우호적 관계를 세습하고 이것이 특정 정당관계에 강력한 판단요소로 작용했다. 이는 주로 20대의 비교적 정치적 경험이 적은 유권자층에서 목격됐다.

엄마 아빠 세대부터 정해진 당이 있는데 그것을 무시하지는 못하겠더라고요. 광주의 한이 있고 5.18이 있었잖아요. 그래서 그런 것이 더 크고, 저는 의원 하나하나 보지 않고 정당만을 보고 밀었거든요. 그 당이면 이념적 가치니, 후보가 누구냐에 상관없이 보지 않고 그냥 밀어요.

20대가 부모에 대한 의존도가 높은 데 반해 30대는 자신에게 영향력을 행사하는 오피니언 리더들의 이야기를 조직화해서 자신의 입장으로 정리하여 그것을 정당관계 형성에 이용하고 있다. 또 40대는 주변의 노인세대나 그 아래 세대에게 자신의 정당관계를 확장하는 역할을 담당하는 주도적 입장에 있다는 의견들이 피력됐다.

어릴 때는 어머니 아버지에 의해 좌우되는데, 지금은 저와 같은 또래 집단의 이야기나 주변의 선생님들이 이야기해 주는 부분을 나름대로 조직화해서 소화하는 것 같아요. 예를 들면 지난 대선 때 우리 오빠가 노무현 대통령이 되면 수도를 지방으로 옮긴다고 하네. 그런데 그때 저는 필이 팍 오는 거예요. 제가 있는 전국정신보건센터 모임을 하면 지방이 매우 빈약하고, 소외되고 있다는 느낌을 팍 받거든요. 그런데 지방이양이 되면 저에게 도움이 될 것 같아요.

전 장인 장모를 모시고 살아요. (선거 때가 되면) 장인 장모는 저한테 의뢰를 해와요. 이번엔 누구 찍어야 된가. 그건 나에 대한 신뢰인데, 저는 제 의견을 서슴없이 이야기를 하죠.

④ 사적 인연의 정도

정당 혹은 정당소속 인물과의 사적 인연의 정도도 정당 관계성을 활성화하는 한 요소가 되고 있다. 같은 집안으로 연결되는 혈연, 종교적 인연, 출신학교를 중심으로 한 학연 등 사적 인연들이 정당관계에도 중요하게 작용한다.

아주 특이한 사례인데, 종교도 요인으로 작용하더라. 그 당시에는 분노를 했는데, 전라도 사람이에요. 저희 고모부의 동생 그러면 완전 전라도 사람이거든 그 사람들이 김대중, 김영삼 같이 나와 대선을 했는데, 내 생각에는 김대중을 찍어야 하는데 김영삼을 찍었어. 왜 찍었소 물었더니, 기독교인이라 이거야.

저○○약국의 노 모 씨라는 사람이 있어요. 그 지역은 민주당인데 사비를 털어서 열렬히 노무현을 지지하잖아요. 그렇게 열성적으로 욕을 먹으면서까지 그렇게 하잖아요. 그러니까 연고와 관련해서 분명 그런 게 있어요.

홍보실무자의 경우도 정당 관계성에서 개인적인 인연들이 중요한 판단요소가 될 수 있음을 지적했다. 이들은 우리나라 유권자들의 개인적인 인연, 인연에 의해서 무의식적으로 형성된 정(情)의 감정, 정으로 인해 어쩔 수 없게 되는 체면의 고리들이 사슬처럼 얽혀 정당 홍보에도 작용되고 있다고 밝혔다.

우리나라는 선진 정당시스템이 안 되어 있잖아요. 좀더 극단적으로 이야기 하면 국회의원들 간에도 형, 형님, 내 패밀리 이런 것이 있거든요. 그만큼 인간적인 정이라든지 이런 것이 중요해요. 공약 체크해서 넌 안지켰으니까 아웃이야, 이런 사람이 거의 없죠. ·

정당관계 활성화 요소요. 한마디로 말하면 인연이에요. 혈연, 지연, 학연 하는 인연. 요게 참 놀라운 게요. 첨에 접해 보신 분하고 정당생활 오래한 사람들하고 일치하는 부분이 있어요. 예를 들면 정치학과 학생들에게 우리당의 누구누구, 같은 과에 누구누구 이거 하나 써주지 뭐 이러면서 관계가 형성된다는 거죠. 그러면서 인연을 쌓아가면서 당보도 오고, 소속감을 주면 그때부터는 달라지거든요. 저는 그걸 인연이라고 생각해요.

(2) 합리적 차원 활성화 요소

① 정당과의 이념적 일치도

유권자들은 정당관계를 활성화하는 것으로 정당의 이념을 들었다. 정당의 이념이 중요하다는 유권자들은 이데올로기적인 접근도 일부 있었지만, 나의 삶과의 연관 속에서 특정 정당이 얼마나 그러한 요소들을 반영하는지에 관심의 초점이 모아졌다. 즉, 진보냐 보수냐의 문제보다는 정당이 나의 계층적 이해를 얼마나 잘 대변해 줄 수 있느냐를 이념적 일치도로 인식했다.

유권자들의 생각을 정리하면 진보냐 보수냐 하는 이념적 스펙트럼이 정당관계를 판단하는 하나의 요소이기는 하지만, 실제로 유권자들의 마음속에서 작동하는 메커니즘은 자신의 이해타산이다.

> 저는 이념적 스펙트럼을 많이 고려해요. 제가 단순하게 보는지는 모르겠는데 진보와 보수로. 진보세력에 대한 우호적 입장을 갖고 있는데, 민노당을 지지하지만 현재의 관계에 대해서는 잘 모르겠어요.

> 내가 20대 때 젊으니까 정의라는 이름으로 받아들였던 것이 연결되면서 진보, 개혁과 연결이 되는 것 같아요. 그게 어떻게 되는지는 모르겠지만, 내가 살려고 하는 삶의 방향과 정당이 지향하는 노선을 연결하는 것 같아요.

② 정책에 대한 기대감

ㅇ 정책이익에 대한 기대

정당이 추진하는 정책에 대한 기대감도 언급됐다. 정당이 생산하는 정책은 그 정당의 정강과 이념을 반영하는 대표적 수단이다. 정당은 정강과 정책에 의해서 움직이는 정치조직이며, 정당의 이념은 정책으로서 반영되는 순환적 관계이기 때문이다. 그 정책이 진보적이냐 보수적이냐의 문제 이전에 그 정책이 나와 내 지역사회 이익과 어떻게 얼마나 연결될 수 있느냐 하는 계산이 작용하고 있다. 정책에 대해서는 지역사회에 이익이 돌아오는 정책인지에 대한 판단적 요소가 섞여 있다는 점에서 출신지역정당에 대한 애착과도 밀접한 연관성을 발견할 수 있다.

> 그 정당을 밀어주면 우리 지역에 발전이 올 수 있느냐 예를 들면
> 도로를 내주겠다고 하잖아요. 이런 경우에는 사람들이 움직이죠. 실질
> 적인 혜택이 돌아온다고 하면 아무래도 움직일 수가 있어요.

> 제가 아는 한 사람을 예를 들면요. 서울 시장으로 김민석하고 이명
> 박이 나왔잖아요. 그런데 사실 그 사람이 김민석 왕 팬이었다네요. 그
> 런데 이명박이 청계천 복원사업을 정책공약으로 내세운 것을 보고는
> 이명박을 찍었대요. 그래서 요즘엔 공약이 아주 중요해요.

○ 이슈경쟁의 홍보

홍보실무자들은 유권자의 이해를 반영한 정책의 중요성을 언급했
다. 이들은 최근 정당 간 이슈경쟁이 중요한 홍보수단이 되면서, 이
해집단에 맞는 차별적 정책개발의 필요성을 인식했다. 정책을 통해
서 정당의 이념이 결집되고 또 그것이 이해관계에 있는 유권자들과
의 강력한 커뮤니케이션 수단이 되기 때문이다.

그러나 우리나라 유권자들은 그동안 정책을 중심에 두고 정당 관
계를 형성하기보다는 지역이나 정(情)에 의해서 정당관계에 영향을
미쳤다. 정당의 홍보 담당자들도 그동안 우리나라 정당홍보가 정책
중심에 있지 않았음을 논(論)했지만 향후 유권자의 흐름이 정책으로
선회하고 있다는 데는 의견을 같이했다.

> 근데 지난 대선 때부터는 역풍이 불고, 이슈들에 대해서 파급력이
> 있어요. 이슈의 성격에 따라서 그게 직능 단체 이해관계가 첨예하다
> 보니까. 민노당 같은 경우는 노동자 이익을 대변하잖아요 그 층이 넓
> 어지는 거고요.

한 단계 발전했다고 보이는 게, 예전에는 지역이 굉장히 많은 비중을 차지했는데, 지금은 정책적인 부분도 조금은 차지하는 것 같아요. 늘 언론에서는 각 정당의 정책이 차별성이 없다고 비판하는데, 찾아보면 굉장히 미세한 차이가 있고, 작년 개혁법안 충돌하는 것 보면 생사를 걸고 투쟁하잖아요. 그래서 이런 부분들이 각 계층별로 지지 정당이 달라지고, 열린당이 지지율이 빠진 게 작년 법안 처리하는 부분들 그런 정책적인 부분에서 갈린 게 아닌가. 이 부분도 상당히 많이 차지하고 각 당이 앞으로 표방하고 강화할 게 정책에 포인트를 두고 해야 한다는 큰 줄기는 형성되고 있어요.

아무래도 지역적인 것이 중심이었죠. 최근 들어서 개인적인 이해도 많이 커지고 있고요. 향후에는 내 관심사와 같은 곳으로 집 없는 사람에게 집이야기, 청년 실업문제 등 그런 이야기를 많이 하는 것이 중요해지고 있습니다.

감정에 휩쓸리는 것 같아도 그 사이에 이익을 계산한다는 거죠. 젊은 사람의 이익을 얼마나 반영할 것인지, 취업을 보장해 준다든지, 이런 이슈를 TV토론회 같은 데서 중요하게 다루고 있죠.

③ 정당의 도덕성

정당의 도덕성도 유권자들의 관계성 구성요소로 언급됐다. 그동안 투명하지 못했던 정당의 후보자 추천, 정치자금 조달 등 정당 내부 의사결정의 투명성과 공개성이 보장되지 않았던 우리나라 정당의 과거 행적을 뒤돌아보면 충분히 납득이 가는 요소다.

나 같은 경우는 그 정당이 깨끗하냐. 청빈도 이런 걸 중요시하거든요. 개인적 사욕을 부리지 않고 국민의 이익을 위해서 일하는 정당에 믿음이 가요. 영국의 경우 밤에 모임을 하고 평시에는 일상으로 돌아가는 체제라잖아요. 최소한 깨끗하고 투명하게 일을 처리하는 것이 신뢰의 바탕이 되는 것 같아요.

정당홍보 실무자 역시 정당이 갖고 있는 도덕성이 유권자 관계에 영향을 미치는 것으로 보고 있었다. 특히 정당의 부도덕성이 언론에 공개되거나, 정당의 주요 당직자가 부정부패에 연루될 경우 정당의 이미지 훼손이 막대하여 유권자와 신뢰적 관계를 하락시키는 요소가 된다고 보았다.

정당에 대한 신뢰성 수준을 알 수 있는 지표가 지지율이라고 보거든요. "한나라당 너희가 그렇게 할 줄은 몰랐다" 이랬을 때 신뢰가 떨어지죠. 대선 불법자금, 과거 구여권으로서 했던 잘못 등이 공개될 때마다 한나라당에 보여 왔던 신뢰가 30% 이상하던 지지율이 10% 이상 떨어지는 것, 한나라당 후보자가 믿었는데 아들이 군대도 안 갔다더라 이럴 때마다 지지율이 떨어지는 거잖아요. 이런 측면은 유권자들이 가지고 있는 중요한 부분 중의 하나가 아닐까 생각해요.

④ 국가발전 공헌도

정당은 한 국가의 발전을 이끄는 주요 정치조직이어야 한다는 입장에서 국가발전의 기여도가 정당 관계성 활성화 요소로 언급된다. 즉, 정당의 역할과 책임이 국가발전에 있다는 논리다.

나라가 잘되어야 한다. '저 정당이 집권하면 우리나라 발전할 수 있을까. 잘될 수 있을까' 라고 하는 공헌성 이런 것이 어떨까요. 경제성장이든, 남북관계, 복지차원에 관심 있는 사람은 거기에 포커스를 맞춰서 자기가 생각하는 그 기준에 도움을 줄까 안 줄까. 기초장 선거 외에는 자기 지역이익을 거는 게 아니니까요.

이상의 결과를 종합하면 <표 30>과 같다. 유권자들은 정당 관계성

을 평가할 때 8가지 활성화 요소를 복합적으로 떠올린다. 출신지역
의 이익을 대변하는지, 좋아하는 인물이 있는지, 정책은 어떤지 그리
고 표방하는 이념은 무엇인지 등이다.

<표 30> 정당－유권자 관계성 활성화 요소

차원	활성화 요소	주 요 내 용
연고적 차원	출신지역정당애착	학습에 의한 출신지역정당애착 자각에 의한 출신지역정당애착 강화 이해관계에 의한 출신지역정당애착 무의식적인 정당애착 출신지역애착도 자극하는 홍보(실무자)
	정당의 인물선호	외형적인 이미지(용모) 정치인다운 품격 지역애착도와의 상호작용 통한 상승효과 인물 중심의 홍보활동(실무자)
	주변의 영향력	사회적 동조압력의 작용 대인적 영향력의 작용
	사적 인연의 정도	혈연, 학연, 기타 인연 개인적 인연 강조 홍보(실무자)
합리적 차원	이념적 일치도	진보냐 보수냐 계층적 이해의 대변 정도
	정책에 대한 기대감	정책이익에 대한 기대 이슈경쟁홍보(실무자)
	정당의 도덕성	정당 내부 운영의 투명성 비리 부패 리스크 호소(실무자)
	국가발전의 기여도	정당의 역할과 책임 강조

2) 유권자의 정당 관계성 활성화 방식

이들 정당 관계성 활성화 요소는 상호 복합적으로 우리나라 유권

자의 정당에 대한 관계성 평가에 영향을 미치는 것으로 파악된다. 유권자의 정당관계를 활성화하는 8가지 요소들 중 일부는 연고적 차원에 더 크게 영향을 미치고, 일부는 합리적 차원에 더 크게 영향을 미치는데 주로 출신지역정당애착, 선호인물, 주변영향력, 사적 인연의 정도는 연고적 차원에 직접적인 영향을 미친다. 이념적 일치감, 정책 기대, 정당의 도덕성, 국가발전 기여도 등의 요소는 합리적 차원의 관계성 평가와 직접적으로 연결짓고 있다.

유권자도 마찬가지인 것 같아요. 내가 어떤 당을 지지하고 선호할 때 지역적 연고도 없고, 정책적 이익도 없고, 생활적인 부분에서 공감대도 없고, 그렇다면 그 당을 지지할 이유가 없잖아요. 제가 ○○○당을 지지하지 않은 이유는 100가지도 넘어요. 일단 지역정서를 대변하지도 못하고, 역사적으로도 마찬가지고, 이념적으로도 안 맞고, 난 서민인데 서민의 이익을 대변하지도 못하잖아요.

이 중 연고적 차원을 활성화하는 요소들이 상호 중첩되어 특정 정당에 대한 정적인 유대감을 형성하면서 연고적 차원뿐 아니라 합리적 차원의 평가에까지도 영향을 미치는 것으로 나타났다.

가장 안 바뀌는 것은 지역성이라고 봐요. 웬만한 이슈가 나오더라도 아무리 정말 대한민국이 뒤집힐 만한 일이 아니면 바뀌지 않아요. 영남사람 한나라당 찍게 되어 있고, 호남사람 민주당 찍게 되어 있고, 자기 지역을 대변하는 당 찍게 되어 있잖아요. 그런 지역주의 자체가 신뢰를 하는 거죠. 내가 살고 있는 지역과 나와 내 선친과 내 후손의 이익을 대변하는 정당이라고 생각하는 거예요. 그 안에 모든 게 다 농축되어 있다고 생각을 하니까 어떤 짓을 해도 용서가 되고 좋게 평가할 수밖에 없지요.

그러나 합리적 차원을 활성화하는 요소의 힘은 연고적 차원 활성화 요소에 비해 쉽게 무기력해졌다. 이념적 일치감이라는 합리적 기준에 의해 특정 정당을 지지했던 유권자가 인물적 요소에 의한 인간적 측면(연고적 요소)의 호소에 약해지는 모습이 발견된다.

> 저는 이념적으로 보면 진보주의자다. 대통령선거, 총선 때도 민주노동당을 지지했어요. 그런데 지난 대통령선거 당시 노무현 후보가 불쌍하다는 느낌을 많이 받았어요. 내가 지지하는 사람이 나오지 않았고, 이 선거를 할 필요가 없다고 생각했는데, 민주당 노무현이 인간적으로 불쌍하다는 느낌과 연민 때문에 투표에 참여하게 되었어요. 저는 어머니 아버지도 제가 모시고 가서 투표를 했어요.

이러한 결과는 자신의 출신지역이라고 하는 공동의 생활공간에서 상호 연줄로 연결된 지속적인 관계를 유지하면서 대인관계에서 형성되는 '정(情)'이라는 심정자원이 비인간적 대상인 정당과의 관계에도 투영되어 나타난 반응으로 풀이된다. 정은 반드시 사람만을 대상으로 하는 것이 아니고, 자신과 유대감을 가질 수 있는 비인간적인 대상에 대해서도 정이 형성된다(김영룡, 1995, 23쪽).

우리나라 유권자들이 정당관계를 판단할 때 가장 중요하게 언급한 요소는 '출신지역정당에 대한 애착'으로, 이 요소는 우리나라 유권자들이 정당 관계성을 결정하는 하나의 기준점을 제공하고 있다. 우리나라에서 '출신지역'은 특정 지역경계 내에서 집단적 인식과 기대를 형성하고 오랜 상호작용을 통해 특정 정당과 정적유대감을 형성해 왔기 때문이다.

앞의 연구결과에서 '정적유대감'은 합리적 차원과 연고적 차원의 관계성을 평가하는 중요한 영향요인으로 밝혀졌듯이 우리나라 정당 구조에서 출신지역은 특정 정당과의 '정적유대감'을 대신할 수 있는 기능적 대등성을 지닌 개념으로 볼 수 있다. 유권자들은 출신지역이라는 공동의 생활공간에서 직간접적인 접촉을 통해 상호 작용하면서 특정 정당에 대한 정서적 동질감을 쌓기 때문이다.

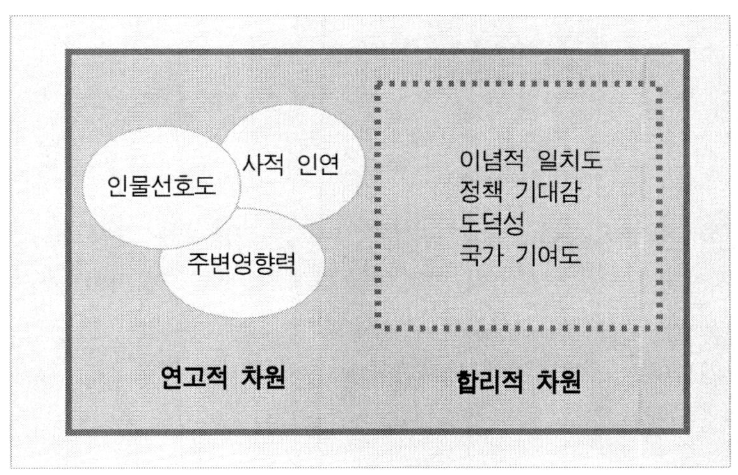

<그림 7> 같은 지역기반 유권자의 인식

　이 연구결과 우리나라 유권자들은 자신과 동일한 지역기반을 가진 정당이냐, 그렇지 않느냐에 따라 연고적 차원과 합리적 차원을 작동시키는 방식에 차이를 보이고 있다.

　<그림 7>에서 보는 바와 같이 같은 지역기반을 가진 정당(정적유대가 형성된 정당)에 대해서는 이들 정당 관계성 활성화 요소 중 어느 하나만 중첩이 되어도 긍정적 관계성으로 발전할 가능성이 크다. 즉, 같은 지역적 기반을 가진 정당에 대해서는 합리적 차원에 관계하는 요소이든 연고적 차원에 관계하는 요소이든 어느 한 요소라도 자신의 마음에 들면 긍정적 관계로 호전될 가능성이 크다. 특히 아래 사례는 선호인물에 대한 감정이 전혀 다른 지역기반의 후보자에

게까지 투영되어 지지의 관계로 발전한 경우다.

> 지난 대선에서 김대중의 힘의 향배가 노무현에게 있었다고 믿었다. 그래서 노무현을 지지하면 이 지역에 뭔가 관심과 이익을 돌려줄 것으로 생각했다. 절대 지역감정이 해소되어서 그렇게 한 것이기보다는 내가 좋아하는 김대중에 대한 마음을 노에게 투영한 것이었다.

이 경우 오랜 지역적 기반에 의해 형성된 출신지역에 대한 애착이 '인물선호도', '사적 인연', '주변영향력'과 같은 연고적 차원의 활성화 요소와 자연스럽게 중첩되어 정당 관계성에 대한 결정력은 더욱 커지게 되고, '이념적 일치도', '정책 기대감', '도덕성', '국가적 기여도'와 같은 합리적 차원의 활성화 요소는 타산적으로 꼼꼼하게 따지기보다는 참고수준에서 처리할 가능성이 컸다.

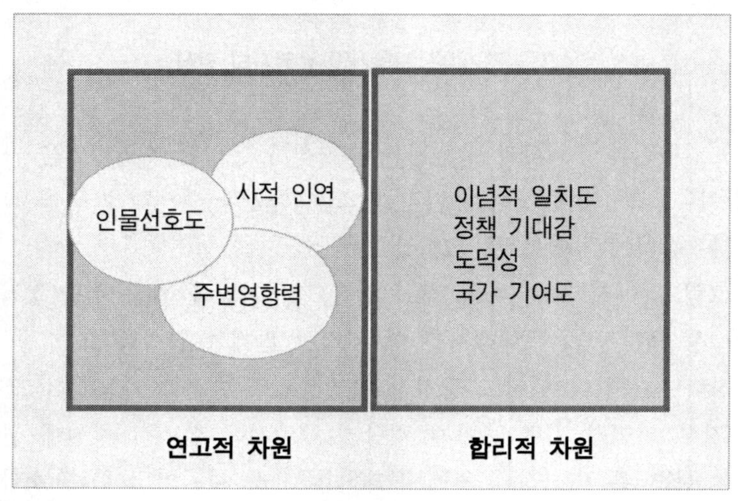

〈그림 8〉 다른 지역기반 유권자의 인식

그러나 지역적 기반이 다른 정당에 대해서는 연고적 차원과 합리적 차원을 작동하는 방식에 다소 차이를 보인다. <그림 8>에서 보는 바와 같이 다른 지역적 기반을 가진 정당(정(情)적 유대가 형성되지 않은 정당)에 대해서는 두 차원을 하나의 틀 안에서 생각하기보다는 별개의 요소로 인식하는 경향이 드러났다. 즉, 연고적 요스를 합리적 요소와 뭉뚱그려 한 덩어리로 생각하기보다는 상호 분리시켜 비교적 냉정한 입장에서 정당과의 관계를 보려는 노력들이 발견된다.

그러나 이 경우에도 연고적 차원의 요소들이 중첩될 경우에는 유권자들의 마음이 약해지는 경우가 목격된다. 이는 다른 지역적 기반의 정당이라 하더라도 정, 체면, 연줄의 대인관계문화가 복합적으로 얽히게 되면 긍정적 관계성으로 전환될 수 있는 여지를 보여준다. 또한 이는 우리나라 유권자들에게서 연고적 차원의 관계 활성화 요소가 합리적 차원보다도 크게 작용하고 있다는 반증이기도 하다.

근데 또 한 경우가 있어요. 그 당시 전라북도 사람인데, 시골 깡촌의 그 양반이 김영삼을 찍었대, 왜 그러냐? 나중에 이야기 들어보니까. 김영삼이 광산 김씨래요. 그래서 문중 모임에서 일면식이 있는 집안사람이기 때문에 찍었다 이거야.

그러나 이 경우에는 합리적 차원이 결정적 요소로 작용하기도 한다.

가령 한나라당 이명박을 예로 들면, 난 이명박 그 사람 자체에 대해서는 신뢰해요. 그렇지만 한나라당을 신뢰하지는 않아요. 아마 민주당이거나 열린우리당이었으면 마음이 덩달아 그리로 갔겠지만 …… 그러나 지하철하고 시내버스 연계한 정책이나 청계천 개발사업은 매우 잘한 것이야. 만약 내가 서울에 살고 서울 시장을 선출하라고 하면 그런 정책능력을 믿어 봤을 거야.

이는 같은 지역기반 정당의 경우 합리적 차원이 하나의 참고적 수준에 머무르지만, 지역기반이 다른 정당에 대해서는 합리적 차원의 활성화 요소가 결정적인 것으로 작용할 수 있는 가능성을 보여준다. 다시 말하면 연고적 요소들과 무관하게 정책이나 이념만 맞아도 정당 관계성을 높게 평가할 수 있다.

VIII

결론 및 제언

1. 결론 및 논의

1) 유권자의 정당 관계성 차원

우리나라 정당홍보실무자와 유권자들은 조직-공중 관계성 평가 지표인 '상호통제성', '신뢰성', '만족감', '헌신성'을 합리적 차원과 연고적 차원으로 인식하고 있다.

합리적 차원은 정당과 유권자로서의 역할과 의무를 강조하는 내용으로 주로 정당의 정책에 초점이 맞춰지며 유권자의 개인적인 이해를 반영한 개인주의적인 지향을 담고 있다. 이에 비해 연고적 차원은 유권자의 출신지역에 대한 이해와 공동의 생활공간에서 형성된 연줄의 영향을 주요내용으로 하는 집단주의적 지향을 포함한다. 요약하면 <그림 9>와 같다.

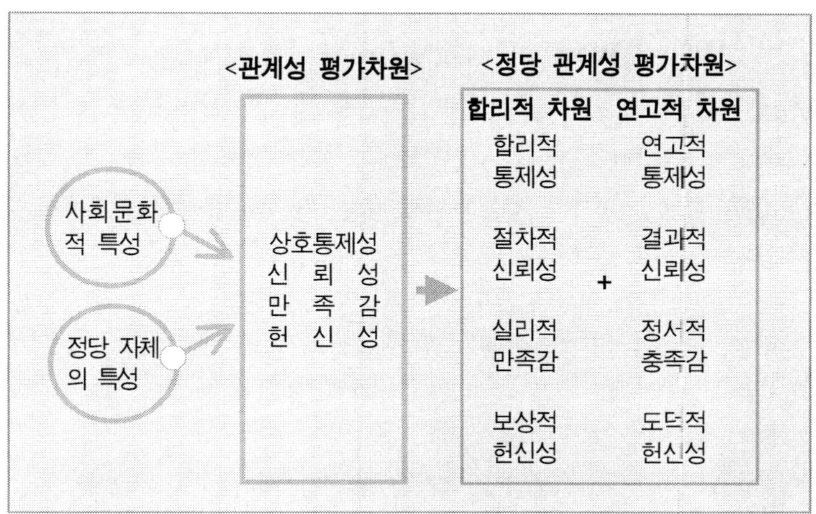

〈그림 9〉 정당 관계성 평가 하위차원의 구성

이 같은 결과는 그동안 조직-공중 관계성 연구가 주로 합리적 차원하에서 작동하는 '상호통제성', '신뢰성', '만족감', '헌신성'을 평가했지만, 우리나라의 정당과 유권자 관계에서는 합리적 차원 못지않게 연고적 차원이 중요하게 작용한다는 것을 보여준다. 따라서 정당과 유권자 관계성에 대한 정확한 지표를 산출하기 위해서는 합리적 차원과 연고적 차원을 동시에 고려해야 한다.

결론적으로 이 연구는 기존 합리적 차원의 조직-공중 관계성 평가기준에 한국의 사회문화적 특성과 정당의 특성을 반영하여 '연고적 차원'을 새롭게 추가했다. 이는 정당-유권자 관계성 PR에서 기존의 합리적 차원하에서 작동하는 '합리적 통제성', '절차적 신뢰성', '실리적 만족감', '보상적 헌신성'의 중요성과 함께 '연고적 통제성', '결과적 신뢰성', '정서적 충족감', '도덕적 헌신성'과 같은 연고적 차원하에서 움직이는 내용들이 충분히 반영되어야 함을 시사한다.

관계성은 관계를 맺고 있는 당사자들 간의 상호작용 형태에 근간해서 서로의 행위를 예측할 수 있는 기대체계로 기능하기 때문에 정당이 유권자와 호혜적 관계성을 확보하는 것은 향후 정당에 대한 유권자의 행동을 예측하는 중요한 지표가 된다. 따라서 유권자의 정당에 대한 관계성 평가가 정확할수록 정당-유권자 관계성의 유용성은 커진다.

특히 지역주의 정당체제가 굳어져 온 우리나라 정당의 관계성을 합리적 기준으로만 설명하는 것은 충분하지 않다. 오히려 합리적 기준으로만 측정하는 것은 우리나라 정당과 유권자 관계의 본질을 왜곡하는 결과를 가져올 수도 있다.

따라서 정당이 유권자와 관계성을 관리할 때는 합리적 차원과 연고적 차원을 동시에 고려하되, 어떤 측면에서 합리적 차원을 강조하고 또 어떤 측면에서 연고적 차원을 강조해야 할 것인지에 대한 전략적 고민이 수반되어야 한다.

2) 정당 관계성 평가 영향요인

정적유대감에 따른 합리적 차원과 연고적 차원의 상대적 비중을 평가했다. 그 결과 유권자의 정당 관계성 하위차원 평가는 정당에 대한 정적유대감이 높은 집단과 낮은 집단 간에 유의미한 차이를 보였다. 열린우리당, 한나라당, 민주당 등 우리나라 3개 정당에 대한 유권자의 정적유대감을 10점 척도로 측정하여 그 평균값을 기준으로 정적유대감이 높은 집단과 낮은 집단 간 평균차이를 통계적으로 검증했다.

그 결과 열린우리당, 한나라당, 민주당 등 3개 정당 평가에서 비교적 일관된 현상이 발견됐다. 3개 정당 모두 정적유대감이 높은 집단이든 낮은 집단이든 간에 연고적 차원의 평가 값이 더 높았고, 양 집단 간 합리적 차원의 평가 값의 편차가 연고적 차원의 평가 값의 편차보다 컸다. 또한 동일 집단 내(예컨대 정적유대감이 높은 집단 내 혹은 낮은 집단 내)에서 연고적 차원과 합리적 차원 간 편차의 평균은 모두 정적유대감이 높은 집단에서 더 작게 나타났다.

이 같은 결과는 유권자들이 특정한 정당과 심정적으로 가깝게 느끼는 정적유대감을 형성할 경우 정당의 책임과 역할이라는 비교적 엄격한 합리적 기준에 대한 평가에서도 관대할 수 있다는 것을 보여준다.

우리나라 유권자들은 특정 정당과 정적유대가 낮더라도 연고적 차원에 대한 평가는 비교적 후하게 하여 큰 편차를 내지 않지만, 합리적 차원의 평가에서는 상대적으로 편차가 컸다. 따라서 할리적 차원에 대한 평가의 높낮이가 결국은 정당 관계성 전체에 더 크게 영향을 미칠 수 있다는 것을 보여준다.

연고적 차원과 합리적 차원의 관계성 평가에 영향을 미치는 선행변수를 규명하기 위해 회귀분석을 실시한 결과, '정적유대감', '집단주의 성향', '보수적 이념성향', '정당선호', '연령' 등이 두 차원의 관계성 평가에 유의미한 영향을 미치는 요인임이 밝혀졌다. 이 중 '정적유대감'은 두 차원의 관계성 평가 모두에 가장 큰 경향을 미치고 있는데, 연고적 차원 평가(베타 값 .325)보다 합리적 차원의 평가(베타 값 .379)와 높은 정적 상관성을 발견했다. 이는 정적유대가 높은 집단일수록 합리적 평가를 높게 할 가능성을 보여준다.

합리적 차원과 연고적 차원 평가 모두에서 '정적유대감' '보수이념', '정당선호', '연령', '집단성향'의 순으로 영향력이 크게 작용했다. 그러나 '정적유대감'(약 15.4%)을 제외한 나머지 영향요인들의 개별 설명변량 R^2 값이 0.02 수준에 머물러 그 설명력이 극히 미미했다. 이는 우리나라 정당이 주로 출신지역에 기초하여 지지층을 확보하고 있고, 실제 유권자들도 정당 관계성을 평가하는 데 있어서 출신지역에 의해 영향을 받고 있음을 보여준다.

이상에 제시된 유권자의 실제 정당 관계성 평가결과는 정당 PR의 이론과 실무적 차원의 시사점을 던져준다. 정적유대감, 집단주의 성향과 같은 문화적 특성이 우리나라 유권자의 정당 관계성과 인과성을 형성하고 있으며, 설명력이 약하기는 하지만 유권자의 개인적인 차원에서는 연령, 보수적 이념성향 등과의 영향관계가 어느 정도 입증됐다는 점에서 향후 정당 PR에서 관계성 이론을 기반으로 한 새로운 이론적 논의를 펼칠 수 있는 근거를 제공한다.

조직-공중 관계성을 평가하는 4가지 측면의 하위차원에 대한 상대적 비중의 정도는 정당 PR의 실무적 차원에 시사하는 바가 크다. 합리적 차원이 상대적으로 높게 평가된 '상호통제성'의 경우 정당이 의사결정 과정의 정당성을 확보하여 유권자에게 대등한 관계로 인식시킬 때, '헌신성'은 정당에 헌신하는 유권자에 대한 개인적인 보상을 강화할 경우 보다 용이하게 유권자 관계성을 증진시킬 수 있다. 이에 비해 연고적 차원을 상대적으로 높게 평가한 '신뢰성'과 '만족감'의 경우는 인간적인 믿음을 줄 수 있는 행위와 지지유권자들에 대한 충분한 심정적 공감대를 형성하는 것이 호혜적 관계성을 강화하는 방안이 될 수 있다.

또 유권자와 정당의 관계성을 향상하기 위해서는 유권자가 정당에 대해서 심정적으로 가깝도록 인식시키는 정적유대감을 강화하는 전략의 필요성을 제기할 수 있다. 특히 정적유대감에 따른 두 차원 간 평가결과는 연고적 차원보다는 합리적 차원에서 더 큰 편차를 보이는 것으로 드러났다. 또한 회귀분석 결과에서도 정적유대감은 합리적 차원의 관계성 평가 값에 더 큰 영향을 미치는 변수다.

결국 정당이 유권자와 정적유대감을 강화하는 PR 활동을 펼치면 연고적 차원은 물론이거니와 비교적 엄격한 잣대를 들이대는 합리적 차원에 대해서까지 호의적으로 평가할 가능성을 증진시키기 때문에 의미 있는 관계증진 효과를 가져올 수 있을 것이라는 논의가 가능하다.

3) 정당 관계성 활성화 방식

연구결과 연고적 차원 활성화에는 '출신지역정당애착', '정당의 인물선호', '주변의 영향력', '사적 인연'의 정도가 직접적인 영향을 주었고, 합리적 차원 활성화에는 '이념적 일치도', '정책 기대감', '정당의 도덕성', '국가발전 기여도'가 직접적인 영향 요소로 밝혀졌다.

이 중 유권자의 '출신지역' 기반이 어디냐는 유권자가 두 평가차원을 작동시키는 인식의 메커니즘에 가장 크게 영향을 미쳤다. 이는 앞의 연구결과에서 정당에 대한 '정적유대감'이 합리적 차원과 연고적 차원 평가에 가장 큰 영향 요소임이 밝혀졌던 것과 같은 맥락을 유지했다. 한국의 유권자는 자신이 태어나 자란 지역사회라고 하는 공동의 생활공간 속에서 특정 정당에 대한 유대감을 학습받을 가능성이 높다. 따라서 호남의 민주당, 영남의 한나라당, 충청지역의 자민련과 같이 출신지역이라는 개념 속에는 이미 특정 정당과의 '정적유대감'이 내포되어 있다.

연구결과 특정 정당과 출신지역 기반이 같은 유권자와 그렇지 않은 유권자의 두 차원 활성화 메커니즘의 주된 차이는 합리적 차원을 어떻게 평가하느냐에 달려 있다. 출신지역이 같은 유권자는 광범위한 연고적 기반하에서 '인물선호', '주변영향력', '사적 인연'이 중첩될 가능성이 커서 연고적 차원은 물론 합리적 차원까지 이들 요소의 영향으로 매우 긍정적으로 처리할 가능성이 높다는 사실을 발견했다.

　　그러나 출신기반이 다른 유권자는 '이념적 일치도', '정책 기대감', '정당의 도덕성', '국가 기여도' 등의 합리적 차원을 결정하는 어느 한 요소에 의해서 호혜적 관계성을 결정할 가능성이 높다는 사실을 발견했다.

　　이상의 내용을 요약하면 한국의 유권자가 정당 관계성을 평가하는 방식을 아래의 <그림 10>과 같이 도식화할 수 있다.

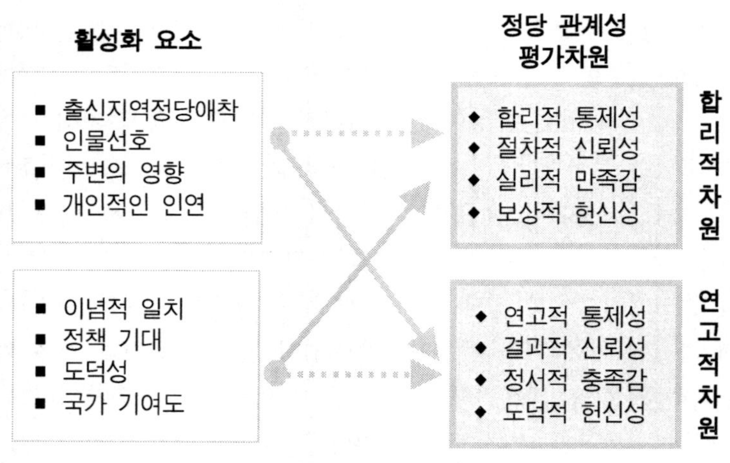

<그림 10> 정당 관계성 평가 하위차원의 활성화 방식

　　이 같은 결과는 지역정당체제를 거부하고 전국정당을 표방한 열린우리당과 같은 신생정당에게 있어서 향후 정당 PR의 방향성을 제시한다. '포스트 3김 체제' 등장과 함께 정당의 지지는 더 이상 정당지도자의 출신지역에 국한되지 않는다.

　　이 연구는 광주와 대구지역 유권자를 대상으로 실시하여 지역성이 연구결과에 미치는 영향을 통제한 가운데 실시했다. 따라서 비교적 지역성이 약한 열린우리당에 대한 유권자의 관계성 평가결과는 실무적 차원에서 시사하는 바가 크다. 현재까지도 출신지역이 정당관계에서 중요하게 작용하지만, 출신지역이 다르더라도 심정적인 유대를 형성할 수 있다면 훨씬 긍정적인 관계성으로 발전해 갈 수 있는 가능성을 발견했기 때문이다.

또한 지역적 기반이 없는 유권자의 경우에 합리적 차원의 활성화 요소만으로도 정당지지투표결정과 같은 긍정적 관계로의 반전을 가져올 수 있는 가능성을 엿볼 수 있었다. 유권자의 정당 관계성은 현재의 연고적 차원 못지않게 합리적 차원에 대한 유권자의 요구가 높아질 수 있으며, 이것이 더 큰 비중을 차지할 수 있기 때문에 향후 정당 PR은 이 부분에 집중할 필요가 있다.

2. 후속 연구를 위한 제언

이 연구는 한국의 정당 PR에서 정당과 유권자의 관계성을 판단하는 지표가 어떤 차원으로 구성되어 있는가를 탐색하여 한국 정당과 유권자 관계의 특성을 밝히려 했다. 이를 위해 질적·양적 접근을 병행하면서 한국 정당과 유권자 관계의 본질에 접근하려 시도하였지만 몇 가지 제약 상황으로 인해 시도하지 못했던 아쉬움도 있다.

마지막으로 연구수행 과정에서 남긴 이러한 아쉬움을 중심으로 본 연구의 한계를 지적하고, 향후보다 완성도 높은 정당-유권자 관계성 연구를 위해서 몇 가지 제언을 덧붙이고자 한다.

첫째, 이 연구는 임의 할당표집을 통해 대구지역과 광주지역 유권자로 한정하여 조사를 수행함으로써 관계성 평가에서 드러날 수 있는 지역 간 차이를 최소화하고자 노력했으나 전국의 유권자에게 일반화하여 적용하는 데 일정한 한계가 있다. 우리나라 유권자들이 영남, 호남, 충청, 강원, 서울경기권역 등 출신배경에 따라서 특정 정당 편향과 유대감을 달리 설정해 왔기 때문에 이러한 부분을 적절히 제어하기 위해서는 전국 샘플링을 통한 지역 간 정당평가 차이를 반영한 연구가 필요하다.

둘째, 이 연구는 정당과 유권자 관계성의 하위평가차원을 밝히는 데 집중함으로써 직접적인 정당홍보요인과 관계성 평가 하위차원과의 관계성 규명까지 진전시키지 못했다. 이 연구는 유권자와 정당홍보실무자의 인식을 토대로 정당 관계성 평가에서 연고적 차원과 합리적 차원이 복합적으로 작용한다는 점을 밝혔기 때문에, 향후 연구에서는 구체적인 정당의 홍보활동 변수(대미디어 홍보와 비(非)미디어 홍보활동)와 이들 두 차원 평가 간의 상관성을 밝히는 등의 구체적인 검증연구가 수반될 필요가 있다.

셋째, 이 연구는 주로 일반적인 정당 관계성에 대한 유권자의 인식에 초점을 맞춰 정당 관계성 평가차원을 밝히는 데 집중했기 때문에 개별 정당에 대한 유권자의 관계성 평가까지 주목하지는 못했다. 향후 연구에서는 이 연구에서 밝혀진 연고적 차원과 합리적 차원 평가가 각 정당에서 어떻게 이루어지는지에 대한 비교연구를 수행함으로써 정당 PR 실무분야에 활용성을 증대시킬 필요가 있다.

참고문헌

□ 국내연구

강명현·조정열(2003). 방송의 로컬리즘과 공중 관계성: 문화행사를 중심
　　으로. 「홍보학연구」, 제7-2호, 43~68.

강원택(2003). 「한국의 선거 정치: 이념, 지역, 세대와 미디어」. 서울: 푸
　　른 길.

권인석(1991). 심리적 변수에 의한 정당선호의 예측. 「한국정치학회보」,
　　제25권 2호, 853~876.

권인석(2000). 정당관련 유권자 행태의 이론적 분석: 모형화를 향하여. 「한
　　국정치학회보」, 제34권 2호, 87~103.

김광수·김희진·탁진영(2004). 정치 후보자에 관한 유권자의 인지구조.
　　「한국언론학보」, 48권 5호, 243~418.

김은경(2002). 16대 총선을 통해 본 남녀 유권자의 여성후보 선택요인:
　　정당과 인물투표기준을 중심으로. 「페미니즘연구」(243~277쪽), 서
　　울: 도서출판 동녘.

김영룡(1995). 잔잔한 정의 나라. 한국, 임태섭(편), 「정, 체면, 연줄 그리
　　고 한국인의 인간관계」(15~34쪽), 서울: 한나래.

김영욱·차희원(2002). 문화와 변화의 충돌: 한국형 Public Relations(공중
　　관계)의 모색. 「한국언론학회보」, 제46-5호, 4~42.

김영욱·박소영(2002). 인터넷상에서 조직－공중 관계성이 고객만족도와
　　충성도에 미치는 영향. '한국언론학회 2002년 가을정기학술대회'

발표논문.

김영욱·박소훈·차희원(2004). 한국인의 집단주의 성향과 귀인성향 그리고 위기커뮤니케이션 수용 간의 관련성: 국가위기로서의 IMF 상황을 중심으로. 「한국언론학회보」, 제48권 4호, 271~394.

김원식(2002). 한국 사회의 진보와 민주주의의 발전: 진보-보수논쟁의 국면전환을 위한 제언. 사회와 철학연구회 편. 「진보와 보수」. 서울: 이학사.

김주희(1992). 「품앗이와 情의 人間關係」. 서울: 집문당.

김충현·오미영(2003). 조직-공중 관계성과 이미지의 관계. 「한국언론학보」, 제47권 2호, 78~106.

김현주(2000). 인간관계 형성요인연구: 네트워크분석. 「한국가족커뮤니케이션학」, 제8집, 58~74.

김형준·유성모(1996). 유권자의 정당지지 분석: 서울지역을 중심으로. 「한국정치학회보」, 제30집 4호, 299~320.

문석남(1990). 지역사회와 연고주의, 문석남 외(편), 「지역사회의 연고주의: 혈연, 지연, 학연의 관계망과 실태」(9~47쪽), 서울: 일진사.

서현진(2003). 미국유권자의 정치적 신뢰도와 투표참여의 관계: 경로분석을 통한 재검토. 「한국정치학회보」, 37집 1호, 337~465.

심지연(2003). 정당개혁과 의정활동의 방향. 「한국민주시민교육학회보」, 8(4), 103~116.

송호근(2003). 「한국, 무슨 일이 일어나고 있나: 세대, 그 갈등과 조화의 미학」. 서울: 삼성경제연구소.

안병만(1992). 제14대 총선에 있어서 유권자들의 정치관여와 투표행태. 「한국정치학회보」, 26(3), 175~193.

양성관·양성운(2003). 조직과 공중 간 관계가 조직의 명성에 미치는 영향. 「한국언론정보학보」, 통권 21호, 115~208.

이갑윤(1998). 투표행태의 민주화. 김호진 외. 「한국정치의 민주화」. 서울: 경남대학교 극동문제연구소.

이규태(2000). 「한국인의 의식구조 1」, 서울: 신원문화사.

이광규(1997). 「韓國文化의 心理人類學」, 서울: 집문당.

이남영(1999). 한국 유권자 선택행위 모델: 제15대 국회의원선거를 중심으로. 「동서연구」, 제11권 1호, 35~64.

이승현·김승건·최재녕(2004). 조직특성과 개인 성격이 조직몰입에 미치는 영향. 「한국행정논집」, 제16권 4호, 735~757.

이수범·신성혜·최원석(2004). 시민관계성이 도시이미지에 미치는 영향에 대한 연구. 「광고학 연구: 일반」, 제15권 1호, 7~31.

이수범·김지선·장병희(2004). 조직의 공중 관계성이 조직 및 브랜드에 대한 태도와 구매의사에 미치는 영향에 관한 연구. 「한국언론학보」, 제48권 3호, 32~60.

이준한·임경훈(2005). 과연 '중대선거'인가?: 제17대 국회의원선거에서의 유권자 투표결정요인분석. 박찬욱 편. 「제17대 국회의원 총선거 분석」. 서울: 푸른 길.

이현출(2000). 무당파층의 투표행태: 16대 총선을 중심으로. 「한국정치학회보」, 제33집 4호, 137~160.

이현출(2004). 한국 유권자의 정당지지 구조와 안정성. 「대한정치학회보」, 제12집 2호, 129~154.

임태섭(1994). 체면의 구조와 체면욕구의 결정요인에 대한 연구. 「한국언론학보」, 제 32호, 207~247.

임태섭(1995). 「정, 체면, 연줄 그리고 한국인의 인간관계」, 서울: 한나래.

임태섭(1999). 한국인의 커뮤니케이션 가치관: 전통과 변화. 「한국커뮤니케이션학」, 제7집, 52~66.

유종원(1998). 공동체주의의 공동체 개념과 의미에 관한 비판적 고찰. 「현대사회과학연구」, 제9권, 353~378.

유종원·박세종(2005). 지역공동체와 지역신문의 지역성 개념에 대한 평가. '주전남 언론학회 지역성, 지역언론, 그리고 지역언론인 쟁점과 토론 세미나' 발표논문.

정연우(2001). 행정홍보의 고객관계 관리적 접근에 관한 시론적 연구. 「홍보학연구」, 제5-1호, 33~61.

정진민(2001). 민주화 이후 한국 정당체계의 변화: 정당체계 재편 가능
　　　성을 중심으로. 「의정연구」, 제7권 2호.
정진민(2002). 세대와 정당정치. 「계간 사상」, 2002년 가을호.
정하영(2006). 조직에서의 신뢰: 동아시아에서의 신뢰의 개념과 대인신
　　　뢰를 중심으로. 「행정논총」, 제44권 1호, 55～90.
조기숙(2000). 「지역주의 선거와 합리적 유권자」. 서울: 나남출판.
조긍호(2004). 동아시아 집단주의의 유학사상적 배경. 「사회과학연구」
　　　제12집 1호, 7～42.
조옥라·최봉영·신경아(2003). 한국인의 문화적 정체성에 내재된 전통과
　　　근대의 문제: 집단과 개인의 문제를 중심으로. 「한국문화인류학」,
　　　36-1, 3～42.
조중빈(1992). 유권자의 여야성향과 투표결정시기에 따른 정당지지, 「선
　　　거와 한국정치」, 한국정치학회, 161～175.
차희원·양정은(2004). PR과 기업명성의 관련성에 대한 연구: PR의 개
　　　념, 기능 및 PR팀 역할을 중심으로. 「홍보학 연구」, 제8-1호, 21
　　　6～255.
차희원(2004). 공중 관여도와 미디어 신뢰도에 따른 기업명성의 미디어
　　　의세설정효과 연구. 「한국언론학보」, 제48권 6호, 274～436.
최윤희(1996). 「인터컬처럴 PR」, 서울: 책과 길.
최윤희(2001). 「PR의 새로운 패러다임」, 서울: 커뮤니케이션북스.
최상진(1992). 한국인의 '문화적 自己': 하나의 자기발견적 탐색. '한국
　　　심리학회 92연차 대회 학술발표' 논문집, 263～274.
최상진(1993). 한국인의 심정심리학: 정과 한에 대한 현상학적한 이해.
　　　'한국심리학회 심포지엄' 한국인의 특성, 3～21.
최상진·김의철·김기범(2003). 한국 사회에서의 대인관계 속의 신뢰와
　　　불신의 기반으로서 마음에 대한 문화심리학적 접근. 「한국사회심
　　　리학회지: 사회심리」, 9(2), 1～17.
탁재택(2001). 정당 PR의 현황과 진로모색: 민주당과 한나라당의 사례
　　　중심으로. 「홍보학연구」, 제5-2호, 108～127.

한규석(1991). 집단주의-개인주의 이론의 현황과 그 전망. 「한국심리학회지」, 10(1), 1~19.

한규석(2000). 한국인의 공과 사의 영역: 공정과 인정의 갈등. 「한국심리학회지: 사회문제」, 6(2), 39~63.

한규석·신수진(1999). 한국인의 선호가치 변화-수직적 집단주의에서 수평적 개인주의로. 「한국심리학회지: 사회 및 성격」, 13(2), 293~310.

한규석·최상진(1999). 교류행위를 통해서 본 한국인의 사회심리, 국제한국학회(편)), 「한국문화와 한국인」(161~193쪽), 서울: 사계절 출판사.

한정호(2000). 방송사의 공중 관계성(Public Relationship) 측정지수의 개발에 관한 연구. 「홍보학연구」, 제4-2호, 101~132.

한정호(2001). 기업의 공중 관계성(public relationship) 지수측정을 위한 연구. '한국홍보학회 2001년 추계학술발표회' 자료집.

한정호·정지연(2002). 조직체의 위기상황에 대한 공중들의 인식과 공중 관계성의 영향력에 관한 연구. 「한국언론학보」, 제46-2호, 633~674.

홍윤기(2002). 민주적 공론장에서의 담론적 실천으로서의 '진보-보수-관계'의 작동과 그 한국적 상황. 사회와 철학연구회 편. 「진보와 보수」. 서울: 이학사.

황병일(2004). 기업의 전문성, 진실성, 사회적 책임이 기업명성과 고객의 관계유지의도에 미치는 영향. 「광고학연구」, 제15권 5호, 361~378.

□ 국외연구

Aldrich, H. (1975). An Organization-Environment Perpective on Cooperation and Conflict between Organizations in the Manpower Training System. in Negandhi, Anant R. (Eds.), *Interorganization Theory* (pp.49~70). Kent, Ohio: State University Press.

Allen, N. J. & Myer, J. P. (1990). The Measurement and Antecedents of Affective, Continuance and Normative Commitment to the Organization. *Journal of Occupational Psychology, 63*, 1~18.

Almond, G. A. & Sidney, V.(1965). *The Civic Culture*, Boston: Little Brown.

Ballinger, J. D. (1991). *Relational Dimensions of Public-Organizational Relationships*. Unpublished Master's Thesis, San Diego Univ., San Diego, CA.

Beer, S. H.(1973). *Pattern of Government*. New York: Random House.

Bond, M. H. & Hwang, K. K. (1986). The Social Psychology of Chinese People. In M. H. Bond(Eds.), *The Psychology of Chinese People*(pp.213~266). Oxford, England: Oxford University press.

Bradshaw, M. (1988). *Regions and Regionalism in the United States*. Jackson and London: Univ Press of Mississippi.

Broom, G. M. & Dozier, D. M. (1990). *Using Research in Public Relations: Applications to Program Management*. EnglewoodClifs, NJ: Prentice-Hall.

Broom, G. M., Casey, S., & Ritchey, J. (1997). Toward a Concept and Theory of Organization-Public Relationships. *Journal of Public Relations Research, 9(2)*, 83~98.

Bruning, S. D. & Ledingham, J. A. (1999). Relationships Between Organizations and Publics: Development of a Multi-Dimensional Organization-Public Relationship Scale. *Public relations Review, 25(2)*, 157~170.

Bruning, S. D. & Ledingham, J. A.(Eds). (2000). *Public Relations as Relationship Management: A Relational Approach to the Study and practice of public Relations*. Mahwah, New Jersy: Lawrence Erlbaum Associates.

Bruning, S. D. (2002). Relationship Building as a Retention Strategy: Linking Relationship Attitudes and Satisfaction Evaluations to Behavioral Outcomes. *Public Relations Review, 28*, 39~48.

Buchanan, B Ⅱ. (1974). Government Managers, Business Executives and Organizational Commitment. *Public Administration Review, 34(4)*, 339~347.

Byrne, B. (2004). Qualitative Interviewing, In Seale. C.(Eds.), *Researching Society and Culture.* CA: Sage Publication.

Center, A. H. & Jackson, p. (1995). *Public Relations Practices: Management Case studies and Problems(5th ed.).* Englewood Cliffs, NJ: Prentice-Hall.

Childers, L., & Grunig, J.(1999). Guidelines for measuring relationships in PR, The institute for PR, Florida: university of florida.

Christine, D. & I. Holloway(1995). *Qualitative Research Methods in Public Relations and Marketing Communications.* London and New York: Routledge.

Ferguson, M. A.(1984). Building theory in public relations: inter organizational relationships. Paper presented at the annual conference of the Association for Education in Journalism and Mass Communication, Gainesville, FL.

Greenbaum, Thmos L. (1998). *The Handbook for Focus Group Research.* 이광숙(2001), 포커스그룹 리서치, 서울: 커뮤니케이션북스.

Grunig, J. E. (1993). Image and Substance: From Symbolic to Behavioral Relationships. *Public Relations Review, 19(2)*, 121~139.

Grunig, J.E. & Huang, Y. (2000). From Organizational Effectiveness to Relationship Indicators: Antecedents of Relationships, Public Relations Strategies, and Relationship Outcomes. In J. A. Ledingham and S. D. Bruning(Eds.), Public Relations as Relationship Management: A Relational Approach to Public Relations(pp.23~54). Hillsdale, NJ: Lawrence Erlbaum Associates.

Grunig, J. E., Grunig, L. A. & Ehling, W. P.(1992). What is an

Effective Organization", In J. E. Grunig(Eds.), *Excellent Public Relations and Communication Management*(pp.65～90). Hillsdale, NJ: Lawrence Erlbaum Associates.

Hamilton, V. L. & Sanders, J. (1992). *Everyday Justice: Responsibility and the Individual in Japan and the United States*. New Haven, London: Yale University Press.

Harre, R. (1984). *Personaling Being*. Cambridge, Massachusetts: Harvard University press.

Hetcht, M. L. (1978). The Conceptualization and Measurement of Interpersonal Communication Satisfaction. *Human Communication Research, 4*, 253～264.

Hofstede, G. (1980). *Culture's Consequence: International Difference in Work-Related Values*. Beverly Hills, CA: Sage.

Hon, L. C. & Grunig, J. E.(1999). *Measuring Relationships in Public Relations*. Gainesville, FL: Institute for Public Relations.

Huang, Y. (1997, May). Toward the Contemporary Chinese Philosophy of Public Relations: A Perspective from the Theory of Global Public Relations. The 47th Annual Conference of the International Communication Association, Quebec, Canada.

Huang, Y. (1998, August). Public Relations Strategies and Organization-Public Relationships. Paper Presented ant the Annual Conference of the Association for Education in Journalism and Mass communication, Baltimore.

Huang, Y. (2000). The Personal Influence Model and Gao Guanxi in Taiwan Chinese Public Relations. *Public Relation Review, 26(2)*, 219～236.

Huang, Y. (2001a). OPRA: A Cross-Cultural, Multiple-Item Scale for Measuring Organization-Public Relationships. *Journal of public relations research, 13(1)*, 61～90.

Huang, Y. (2001b). Values of Public Relations: Effects on Organization-Public Relationships Mediating Conflict Resolution. *Journal of Public Relations Research, 13(4)*, 265~301.

Hutton, J. G. (1999). The Definition, Dimensions, and Domain of Public Relations. *Public Relations Review, 25(2)*, 199~214.

Hutton, J. G., Goodman, M. B, Alexander, J. B. & Genest, C. M. (2001), Reputation Management: the new face of corporate public relations? *Public Relations Review, 27*, 247~261.

Hwang, K. (1995). Face and Favor: The Chinese Power Game. *American Journal of Sociology, 92(6)*, 944~974.

Jo, S. & Y. Kim. (2003). The Effect of Web Characteristics on Relationship Building. *Journal of Public Relations Research, 15(3)*, 199~223.

Kim, Uichol et al. (1994). *Individualism and Collectivism: Theory*, Methods, and Applications. Thousand Oaks, New Delhi: Sage publication.

Kim, Y(2001). Searching For The Organization-Public Relationship: A Valid and Reliable Instrument. *Journalism & Mass Communication Quarterly, 78(4)*, 799~815.

Ledingham, J. A. (2003). Explicating Relationship Management as a General Theory of Public Relations. *Journal of Public Relations Research, 15(2)*, 181.

Ledingham, J. A. & Bruning, S. D. (1998). Relationship Management in Public Relations: Dimensions of an Organization-Public Relationship. *Public Relations Review, 24(1)*, 55~65.

Ledingham, J. A., Bruning, S. D. & Wilson, L. J. (1999). Time as an Indicator of the Perceptions and Behavior of Members of a Key Public: Monitoring and Predicting Organization-Public Relationships. *Journal of Public Relations Research, 11(2)*, 167~183.

Lijphart, Arend. (1981). Political Parties: Ideologies and Programs. In

David Butler, Howard Penniman, and Austin Ranney(Eds.), *Democracy at the Polls*: *A Comparative Study of Competitive National Elections*. Washington: American Enterprise Institute for Public Policy Research.

Littlejohn, S. W. (1995). *Theories of Human Communication*(5th ed.). Belmont, CA: Wadswoth.

Millar, F. E. & Rogers, L. E. (1987). Relational Dimensions of Interpersonal Dynamics. In M. E. Roloff & G. R. Millar(Eds.), *Interpersonal Processes*: *New Directions in communication Research* (pp.117~139). Newbury Park, CA: Sage.

Morgan, R. M. & Hunt, S. D. (1994). The Commitment-Trust Theory of Relationship Marketing. *Journal of Marketing, 58*, 20~38.

Parasuraman, A., V. A. Zeithaml & L. L. Berry(1988). SERVQUAL: A Multiple-Item Scale for Measuring Consumer Perceptions of Service Quality. *Journal of Retailing, 64(1)*, 12~40.

Porter, L. W., Steer, R. M., Mowday, R. T. & Bouliau, P. V. (1974). Organizational Commitment Job Satisfaction and Turnover among Psychiatric Technicians. *Journal of Applied Psychology, 59*, 603~609.

Pye, L. W. & Siney Verba(1965). *Political Culture and Political Development. Princeton*. New Jersey: Princeton University Press.

Silverman, D. (1997). *Qualitative Research*: *Theory, Method and Practice*. Sage Publication.

Surra, C. A. & Riddley, C. A. (1991). Multiple Perspectives on Interaction: Participants, Peers, and Observers. In B. M. Montgomery & S. Duck(Eds.), *Studying Interpersonal Interaction*(pp.35~55). New York: Guilford.

Thomlison, T. D. (2000). An Interpersonal primer with Implications for Public Relations. In J. A. Ledingham & S. D. Bruning(Eds.),

Public Relations as Relationship Management: A Relational Approach to Public Relations (pp.177~203). Mahwah, NJ: Lawrence Erlbaum Associate.

Thomsen, S. R. (1997). Public Relations in the New Millennium: Understanding the Forces that are Reshaping the Profession. *Public Relations Quarterly, 42*, 11~17.

Tonkiss, F. (2004). Using Focus Group. In Seale, C. (Eds.), *Researching Society and Culture*. Sage Publication.

Toth, E. (2000). From Personal Influence to Interpersonal Influence: A Model for Relationship Management. In J. A. Ledingham & S. D. Bruning(Eds.), *Public Relations as Relationship Management: A Relational Approach to Public Relations*(pp.205~219), Mahwah, NJ: Lawrence Erlbaum Associate.

Triandis, H. (1995). *Individualism and Collectivism*. Boulder, Co: Westview press.

Wood, J. T. (1995). *Relational Communication: Continuity and Change in Personal Relationships*. Belmont, CA: Wadsworth.

Wilson, L. J. (2000). Building Employee and Community Relationships Through Volunteerism: A Case Study. In J. A. Ledingham & S. D. Bruning(Eds.), *Public Relations as Relationship Management: A Relational Approach to Public Relations*(pp.137~144). Mahwah, NJ: Lawrence Erlbaum Associate.

〈부록: 조사용 설문지〉

우리나라 유권자의 정당 관계성에 관한 조사

안녕하십니까?

전남대학교 언론홍보연구소는 우리 사회의 언론관계 현상을 학문적으로 연구하는 전문 학술연구기관입니다.

이번에 저희 연구소에서는 우리나라 유권자의 정당 관계성에 관한 연구 조사를 실시하게 되었습니다.

본 설문은 우리나라 사람들이 특정 정당과 관계 맺는 방식을 알아보기 위한 설문입니다. 귀하를 우리나라를 대표하는 유권자의 한 분으로 모시고 평소 정당에 대한 고견을 듣고자 하오니, 이 연구 활동을 지원하여 주시는 뜻에서 적극 협조하여 주시면 감사하겠습니다.

본 조사는 무기명으로 실시되며, 조사결과는 컴퓨터를 이용하여 통계적으로 일괄 처리되기 때문에 개인적인 신상에 관한 내용을 포함한 귀하의 모든 응답은 철저히 비밀이 보장됩니다. 또한 귀하의 응답내용은 본 조사연구의 순수한 학술목적 이외의 다른 목적으로는 절대로 사용되지 않을 것을 보장합니다.

바쁘시겠지만 잠시 시간을 내시어 저희 연구소의 연구에 적극 협조하여 주시기를 부탁드립니다.

2006년 2월
전남대학교 언론홍보연구소

1. 다음은 우리가 자주 부딪히게 되는 현실들입니다. 다음 의견을 읽고
   귀하의 평소 생각과 일치하는 곳에 √표 해 주십시오.

	거의 그렇지 않다	별로 그렇지 않다	보통 이다	대체로 그렇다	매우 그렇다
나는 내가 속한 조직(회사. 학교 등)이 어떤 행동을 요구하더라도 내 선택을 더 중요하게 생각하여 결정하는 편이다.	①	②	③	④	⑤
나는 조직 전체의 의견이 모아지면 약간의 개인적 희생이 있더라도 조직 구성원의 한 사람으로써 마땅히 해야 할 도리라고 생각하여 그에 따르는 편이다.	①	②	③	④	⑤
국회의원이 국회에서 정장을 입어야 한다는 것은 사회적인 관행일 뿐 자신의 의지에 따라 자유롭게 선택할 수 있는 것이다.	①	②	③	④	⑤
나는 인간은 태어날 때부터 사회 의존적 존재이기 때문에 늘 주변과의 관계를 고려하여 판단하고 결정을 내려야 한다고 생각한다.	①	②	③	④	⑤
나는 인간은 독립적인 존재이기 때문에 최후의 결정은 혼자 힘으로 내릴 수밖에 없다고 생각한다.	①	②	③	④	⑤
나는 내가 조금 힘들더라도 회사(소속집단)의 발전이 곧 나의 발전이라는 생각으로 회사에서 요구하는 일에 자발적으로 따르는 편이다.	①	②	③	④	⑤
나는 내가 소속한 집단의 이해와 배치되는 주장이라고 하더라도 내 판단에 그 주장이 합당하다면 서슴없이 이야기하는 편이다.	①	②	③	④	⑤
청소년 비행과 위화감을 완화하는 차원에서 학생들에게 교복을 입히자는 사회적 의견이 모아지면 이 사회 구성원으로서 응당 그에 따라 행동해야 한다고 본다.	①	②	③	④	⑤

2. 다음은 귀하의 정치에 대한 관심을 묻는 질문입니다.

1) 귀하는 평소 우리나라 정치 및 국가적 문제에 얼마나 관심을 갖고 계십니까?

거의 관심 없음	별로 관심 없음	보통	약간 관심 있음	매우 관심 많음
①	②	③	④	⑤

2) 귀하는 평소 우리나라 정당의 활동에 얼마나 관심을 갖고 계십니까?

거의 관심 없음	별로 관심 없음	보통	약간 관심 있음	매우 관심 많음
①	②	③	④	⑤

3) 귀하는 평소 우리나라 국회의원선거에 얼마나 관심을 갖고 계십니까?

거의 관심 없음	별로 관심 없음	보통	약간 관심 있음	매우 관심 많음
①	②	③	④	⑤

3. 귀하는 다음 의견에 대해서 얼마나 동의하십니까?

	거의 그렇지 않다	별로 그렇지 않다	보통 이다	대체로 그렇다	매우 그렇다
북한에 대한 지원은 인도적 차원에서 계속 이루어져야 한다고 생각한다.	①	②	③	④	⑤
정부는 세금을 더 거둬서라도 사회적 약자들에 대한 지원을 늘려야 한다.	①	②	③	④	⑤
한반도의 안보문제와 관련해서는 우리와 의견이 다르더라도 우방인 미국의 의견을 따르는 것이 낫다.	①	②	③	④	⑤
국가보안법의 폐지는 한국 사회에서는 아직 시기상조이다.	①	②	③	④	⑤

4. 귀하는 가장 최근 치러진 국회의원선거에서 어느 정당에 투표하셨습니까?

① 열린우리당　　② 한나라당　　　　③ 민주당
④ 민주노동당　　⑤ 기타 정당 (　　　) ⑥ 투표하지 않았다

5. 귀하는 현재 마음속으로 선호하는 정당이 있습니까?

① 열린우리당　　② 한나라당　　　　③ 민주당
④ 민주노동당　　⑤ 기타 정당 (　　　) ⑥ 없다

6. 귀하는 아래 정당과 심정적으로 얼마나 가깝다고 느끼십니까? 가깝다고 느낄수록 0에, 멀다고 느낄수록 10을 기준하여 해당되는 곳에 √ 표 해 주십시오.

1) 열린우리당

매우 가깝다					보통 이다					아주 멀다
0	1	2	3	4	5	6	7	8	9	10

2) 한나라당

매우 가깝다					보통 이다					아주 멀다
0	1	2	3	4	5	6	7	8	9	10

3) 민주당

매우 가깝다					보통 이다					아주 멀다
0	1	2	3	4	5	6	7	8	9	10

4) 민주노동당

매우 가깝다					보통 이다					아주 멀다
0	1	2	3	4	5	6	7	8	9	10

7. 다음은 '열린우리당'에 대한 귀하의 평소 생각을 묻는 질문입니다.

1) 아래 내용을 읽으시고 '열린우리당'에 대한 귀하의 평소 생각이 어느 쪽에 가까운지 해당하는 곳에 √표 해 주십시오.

	거의 그렇지 않다	별로 그렇지 않다	보통 이다	대체로 그렇다	매우 그렇다
열린우리당은 건전한 의견이라면 보통 사람의 제안이라도 잘 수용하는 편이다.	①	②	③	④	⑤
열린우리당의 구성원들은 보통 사람들을 존중하는 편이다.	①	②	③	④	⑤
열린우리당은 내가 제기한 민원이 정당하기만 하면 나와 어떤 관계에 있는지를 떠나 세심하게 배려할 것 같다.	①	②	③	④	⑤
열린우리당에서 해결해야 할 민원(고충처리)이 있을 경우, 내가 잘 아는 사람이 있어 부탁한다면 빠르게 진행할 수 있을 것 같다.	①	②	③	④	⑤
내용의 정당성도 중요하지만 열린우리당과 잘 통하는 사람에게 부탁하면 효과적으로 내 의사를 반영할 수 있을 것 같다.	①	②	③	④	⑤
열린우리당은 나와 어떤 갈등적인 상황에 부딪히면 나와의 사회적 관계를 찾아 문제를 해결하려 할 것 같다.	①	②	③	④	⑤
열린우리당은 지지유권자(소속지역, 계층 등) 외 다양한 계층의 여론을 공개적이고 투명하게 수렴하는 편이다.	①	②	③	④	⑤
열린우리당은 최소한 조직 내에서는 나름대로 확립된 건전한 원칙에 따라 행동하는 것 같다.	①	②	③	④	⑤
나는 열린우리당이 어떤 상황에서든 합리적인 절차에 따라 공정하게 일을 처리할 것이라 믿는다.	①	②	③	④	⑤
열린우리당은 어떤 경우에라도 자신의 지지유권자층(지역, 계층 등)을 대변하는 입장을 취하는 편이다.	①	②	③	④	⑤
열린우리당은 자신의 지지유권자들을 위해서는 다소 무리를 해서라도 그들에게 도움을 주는 방향을 선택하는 편이다.	①	②	③	④	⑤
나는 열린우리당이 자신을 지지했던 지역민들의 심정을 잘 헤아려 행동할 것이라고 믿는다.	①	②	③	④	⑤

2) 아래 내용을 읽으시고 '열린우리당'에 대한 귀하의 평소 생각이 어느 쪽에 가까운지 해당하는 곳에 √표 해 주십시오.

	거의 그렇지 않다	별로 그렇지 않다	보통 이다	대체로 그렇다	매우 그렇다
열린우리당은 일반 국민에게 약속한 정책공약을 비교적 잘 수행하는 편이다.	①	②	③	④	⑤
나는 열린우리당이 내놓은 정책이나 주장에 대체로 만족하는 편이다.	①	②	③	④	⑤
열린우리당은 종종 내게 도움이 되는 정책을 내놓을 때가 있다.(예를 들어 부동산, 육아, 세금, 교육정책 등등)	①	②	③	④	⑤
열린우리당은 직접적인 혜택이 아니라 하더라도 최소한 자신의 지지지역민의 심정은 잘 헤아려 주는 편이다.	①	②	③	④	⑤
열린우리당은 자신의 지지지역의 정치적 욕구와 이해를 비교적 잘 반영하여 행동하는 편이다.	①	②	③	④	⑤
나와 아주 가까운 인간관계에 있는 사람들이 열린우리당의 일에 관여하게 된다면 이 정당에 어느 정도 호감을 가질 것 같다.	①	②	③	④	⑤
열린우리당의 정책이 실현되기를 바라는 마음에서 나의 아이디어나 정보를 제공할 수 있을 것 같다.	①	②	③	④	⑤
열린우리당이 하는 일이 합리적이고 정당하다면 다른 사람들에게 이 정당의 지지를 호소할 수 있을 것 같다.	①	②	③	④	⑤
열린우리당이 하는 일이 나에게 직접적인 혜택으로 돌아온다면 이 정당의 자원봉사자로 활동할 수 있을 것 같다.	①	②	③	④	⑤
내 가족의 이해가 달려 있다면 다른 사람들에게 열린우리당에 대한 지지를 호소할 수도 있을 것 같다.	①	②	③	④	⑤
비록 나에게 돌아오는 직접적인 혜택이 있는 것은 아니지만 여러 사람들과의 인간관계를 생각해야 할 상황이라면 열린우리당에 관심을 갖게 될 것 같다.	①	②	③	④	⑤
나와 친한 사람이 권유하면 그 사람의 얼굴을 보아서라도 열린우리당의 일에 관심을 갖게 될 것 같다.	①	②	③	④	⑤

8. 다음은 '한나라당'에 대한 귀하의 평소 생각을 묻는 질문입니다.

1) 아래 내용을 읽으시고 '한나라당'에 대한 귀하의 평소 생각이 어느 쪽에 가까운지 해당하는 곳에 √표 해 주십시오.

	거의 그렇지 않다	별로 그렇지 않다	보통 이다	대체로 그렇다	매우 그렇다
한나라당은 건전한 의견이라면 보통 사람의 제안이라도 잘 수용하는 편이다.	①	②	③	④	⑤
한나라당 구성원들은 보통 사람들을 존중하는 편이다.	①	②	③	④	⑤
한나라당은 내가 제기한 민원이 정당하기만 하면 나와 어떤 관계에 있는지를 떠나 세심하게 배려할 것 같다.	①	②	③	④	⑤
한나라당에서 해결해야 할 민원(고충처리)이 있을 경우, 내가 잘 아는 사람이 있어 부탁한다면 빠르게 진행할 수 있을 것 같다.	①	②	③	④	⑤
내용의 정당성도 중요하지만 한나라당과 잘 통하는 사람에게 부탁하면 효과적으로 내 의사를 반영할 수 있을 것 같다.	①	②	③	④	⑤
한나라당은 나와 어떤 갈등적인 상황에 부딪히면 나와의 사회적 관계를 찾아 문제를 해결하려 할 것 같다.	①	②	③	④	⑤
한나라당은 지지유권자(소속지역, 계층 등) 외 다양한 계층의 여론을 공개적이고 투명하게 수렴하는 편이다.	①	②	③	④	⑤
한나라당은 최소한 조직 내에서는 나름대로 확립된 건전한 원칙에 따라 행동하는 것 같다.	①	②	③	④	⑤
나는 한나라당이 어떤 상황에서든 합리적인 절차에 따라 공정하게 일을 처리할 것이라 믿는다.	①	②	③	④	⑤
한나라당은 어떤 경우에라도 자신의 지지유권자(지역, 계층 등)를 대변하는 입장을 취하는 편이다.	①	②	③	④	⑤
한나라당은 자신의 지지유권자들을 위해서는 다소 무리를 해서라도 그들에게 도움을 주는 방향을 선택하는 편이다.	①	②	③	④	⑤
나는 한나라당이 자신을 지지했던 지역민들의 심정을 잘 헤아려 행동할 것이라 믿는다.	①	②	③	④	⑤

2) 아래 내용을 읽으시고 '한나라당'에 대한 귀하의 평소 생각이 어느 쪽에 가까운지 해당하는 곳에 √표 해 주십시오.

	거의 그렇지 않다	별로 그렇지 않다	보통 이다	대체로 그렇다	매우 그렇다
한나라당은 일반 국민에게 약속한 정책공약을 비교적 잘 수행하는 편이다.	①	②	③	④	⑤
나는 한나라당이 내놓은 정책이나 주장에 대체로 만족하는 편이다.	①	②	③	④	⑤
한나라당은 종종 내게 도움이 되는 정책을 내놓을 때가 있다.(예를 들어 부동산, 육아, 세금, 교육정책 등등)	①	②	③	④	⑤
한나라당은 직접적인 혜택이 아니라 하더라도 최소한 자신의 지지지역민의 심정은 잘 헤아려 주는 편이다.	①	②	③	④	⑤
한나라당은 자신의 지지지역의 정치적 욕구와 이해를 비교적 잘 반영하여 행동하는 편이다.	①	②	③	④	⑤
나와 아주 가까운 인간관계에 있는 사람들이 한나라당의 일에 관여하게 된다면 이 정당에 어느 정도 호감을 가질 것 같다.	①	②	③	④	⑤
한나라당의 정책이 실현되기를 바라는 마음에서 나의 아이디어나 정보를 제공할 수 있을 것 같다.	①	②	③	④	⑤
한나라당이 하는 일이 합리적이고 정당하다면 다른 사람들에게 이 정당의 지지를 호소할 수 있을 것 같다.	①	②	③	④	⑤
한나라당이 하는 일이 나에게 직접적인 혜택으로 돌아온다면 이 정당의 자원봉사자로 활동할 수 있을 것 같다.	①	②	③	④	⑤
내 가족의 이해가 달려 있다면 다른 사람들에게 한나라당에 대한 지지를 호소할 수도 있을 것 같다.	①	②	③	④	⑤
비록 나에게 돌아오는 직접적인 혜택이 있는 것은 아니지만 여러 사람들과의 인간관계를 생각해야 할 상황이라면 한나라당에 관심을 갖게 될 것 같다.	①	②	③	④	⑤
나와 친한 사람이 권유하면 그 사람의 얼굴을 보아서라도 한나라당 일에 관심을 갖게 될 것 같다.	①	②	③	④	⑤

9. 다음은 '민주당'에 대한 귀하의 평소 생각을 묻는 질문입니다.

1) 아래 내용을 읽으시고 '민주당'에 대한 귀하의 평소 생각이 어느 쪽에 가까운지 해당하는 곳에 √표 해 주십시오.

	거의 그렇지 않다	별로 그렇지 않다	보통 이다	대체로 그렇다	매우 그렇다
민주당은 건전한 의견이라면 보통 사람의 제안이라도 잘 수용하는 편이다.	①	②	③	④	⑤
민주당 구성원들은 보통 사람들을 존중하는 편이다.	①	②	③	④	⑤
민주당은 내가 제기한 민원이 정당하기만 하면 나와 어떤 관계에 있는지를 떠나 세심하게 배려할 것 같다.	①	②	③	④	⑤
민주당에서 해결해야 할 민원(고충처리)이 있을 경우, 내가 잘 아는 사람이 있어 부탁한다면 빠르게 진행할 수 있을 것 같다.	①	②	③	④	⑤
내용의 정당성도 중요하지만 민주당과 잘 통하는 사람에게 부탁하면 효과적으로 내 의사를 반영할 수 있을 것 같다.	①	②	③	④	⑤
한나라당은 나와 어떤 갈등적인 상황에 부딪히면 나와의 사회적 관계를 찾아 문제를 해결하려 할 것 같다.	①	②	③	④	⑤
민주당은 지지유권자(소속지역, 계층 등) 외 다양한 계층의 여론을 공개적이고 투명하게 수렴하는 편이다.	①	②	③	④	⑤
민주당은 최소한 조직 내에서는 나름대로 확립된 건전한 원칙에 따라 행동하는 것 같다.	①	②	③	④	⑤
나는 민주당이 어떤 상황에서든 합리적인 절차에 따라 공정하게 일을 처리할 것이라 믿는다.	①	②	③	④	⑤
민주당은 어떤 경우에라도 자신의 지지유권자(지역, 계층 등)를 대변하는 입장을 취하는 편이다.	①	②	③	④	⑤
민주당은 자신의 지지유권자들을 위해서는 다소 무리를 해서라도 그들에게 도움을 주는 방향을 선택하는 편이다.	①	②	③	④	⑤
나는 민주당이 자신을 지지했던 지역민들의 심정을 잘 헤아려 행동활 것이라 믿는다.	①	②	③	④	⑤

2) 아래 내용을 읽으시고 '민주당'에 대한 귀하의 평소 생각이 어느 쪽에 가까운지 해당하는 곳에 √표 해 주십시오.

	거의 그렇지 않다	별로 그렇지 않다	보통 이다	대체로 그렇다	매우 그렇다
민주당은 일반 국민에게 약속한 정책공약을 비교적 잘 수행하는 편이다.	①	②	③	④	⑤
나는 민주당이 내놓은 정책이나 주장에 대체로 만족하는 편이다.	①	②	③	④	⑤
민주당은 종종 내게 도움이 되는 정책을 내놓을 때가 있다.(예를 들어 부동산, 육아, 세금, 교육정책 등등)	①	②	③	④	⑤
민주당은 직접적인 혜택이 아니라 하더라도 최소한 자신의 지지지역민의 심정은 잘 헤아려 주는 편이다.	①	②	③	④	⑤
민주당은 자신의 지지지역의 정치적 욕구와 이해를 비교적 잘 반영하여 행동하는 편이다.	①	②	③	④	⑤
나와 아주 가까운 인간관계에 있는 사람들이 민주당의 일에 관여하게 된다면 이 정당에 어느 정도 호감을 가질 것 같다.	①	②	③	④	⑤
민주당의 정책이 실현되기를 바라는 마음에서 나의 아이디어나 정보를 제공할 수 있을 것 같다.	①	②	③	④	⑤
민주당이 하는 일이 합리적이고 정당하다면 다른 사람들에게 이 정당의 지지를 호소할 수 있을 것 같다.	①	②	③	④	⑤
민주당이 하는 일이 나에게 직접적인 혜택으로 돌아온다면 이 정당의 자원봉사자로 활동할 수 있을 것 같다.	①	②	③	④	⑤
내 가족의 이해가 달려 있다면 다른 사람들에게 민주당에 대한 지지를 호소할 수도 있을 것 같다.	①	②	③	④	⑤
비록 나에게 돌아오는 직접적인 혜택이 있는 것은 아니지만 여러 사람들과의 인간관계를 생각해야 할 상황이라면 민주당에 관심을 갖게 될 것 같다.	①	②	③	④	⑤
나와 친한 사람이 권유하면 그 사람의 얼굴을 보아서라도 민주당 일에 관심을 갖게 될 것 같다.	①	②	③	④	⑤

◇ 마지막으로 통계처리를 위해 필요한 부분이니 빠짐없이 표기해 주시면 감사하겠습니다.

응답자 속성	내　　　　용			
거주 지역	① 광주 북구　　② 광주 남구 ③ 대구 동구　　④ 대구 수성구			
성　　별	① 남자　　　　② 여자			
연　　령	① 19~24	② 25~29	③ 30~34	④ 35~39
	⑤ 40~44	⑥ 45~49	⑦ 50~54	⑧ 55~59
	⑨ 60 이상			
직　　업	① 전문직(의사, 약사, 변호사, 교사 / 교수, 종교인, 언론인 등) ② 관리직(기업간부, 경영주, 고급공무원, 사회단체간부 등) ③ 사무직(회사원, 은행원, 일반공무원) ④ 판매·서비스직(자영판매, 택시운전, 이미용, 접객업소종사원, 보험, 가사 등) ⑤ 생산직(제조업체 생산활동 종사자, 공장 근로자 등) ⑥ 농업 ⑦ 대학생 ⑧ 전업주부 ⑩ 무직　　　　⑪ 기타(　　　　　)			
최종학력	① 초등학교 졸업 이하　　② 중학교 졸업 ③ 고등학교 졸업　　　　④ 대학교 재학 중 ⑤ 대졸　　　　　　　　⑥ 대학원 이상			
주거형태	① 자가　　② 전세　　③ 월세　　④ 기타 (　　)			
가구소득	① 월 200만 원 미만　　② 월 201~300만 원 ③ 월 301~400만 원　　④ 월 401~500만 원 ⑤ 월 501만 원 이상			

배미경

언론학 박사 (전남대학교)

· 해남신문 기자 (1994.7.~1997.5.)
· 전남대학교 언론홍보연구소 연구원 (1999.9.~2007.3.)
· 광주광역시 남구청 효사랑 브랜드 홍보(팀장) (2005.1.~2006.8.)
· 국무조정실 서남권투자촉진추진단 홍보전문위원 (2007.4.~현재)

관계성 이론을 통해 본 한국의 정당 PR

· 초판 인쇄　2007년 6월 30일
· 초판 발행　2007년 6월 30일

· 지 은 이　배미경
· 펴 낸 이　채종준
· 펴 낸 곳　한국학술정보㈜
　　　　　경기도 파주시 교하읍 문발리 526-2
　　　　　파주출판문화정보산업단지
　　　　　전화　031) 908-3181(대표) · 팩스　031) 908-3189
　　　　　홈페이지　http://www.kstudy.com
　　　　　e-mail(출판사업팀사업부)　publish@kstudy.com
· 등 　 록
· 가 　 격　22,000원

ISBN　　978-89-534-7001-9 93340 (Paper Book)
　　　　　978-89-534-7002-6 98340 (e-Book)